CAPITAINE IBOS

DE L'INFANTERIE COLONIALE

LE

Chemin de fer du Fleuve Rouge

ET

LA PÉNÉTRATION FRANÇAISE

AU YUNNAN

(Extrait de la *Revue des Troupes coloniales*.)

PARIS

Henri CHARLES-LAVAUZELLE

Éditeur militaire

10, Rue Danton, Boulevard Saint-Germain, 118

(MÊME MAISON A LIMOGES)

LE

CHEMIN DE FER DU FLEUVE ROUGE

ET

LA PÉNÉTRATION FRANÇAISE AU YUNNAN

CAPITAINE IBOS

DE L'INFANTERIE COLONIALE

LE

Chemin de fer du Fleuve Rouge

ET

LA PÉNÉTRATION FRANÇAISE

AU YUNNAN

(Extrait de la *Revue des Troupes coloniales*.)

PARIS

Henri CHARLES-LAVAUZELLE

Éditeur militaire

10, Rue Danton, Boulevard Saint-Germain, 118

(MÊME MAISON A LIMOGES)

LE
CHEMIN DE FER DU FLEUVE ROUGE

ET

LA PÉNÉTRATION FRANÇAISE AU YUNNAN

I

La ligne du Fleuve Rouge : section Haïphong-Vietri.

Dès leur installation dans l'Asie méridionale, l'Angleterre et la France ont tenté d'englober dans leur zone d'influence les provinces occidentales de l'empire chinois. Les Anglais, par l'Assam d'abord, par la Birmanie ensuite, crurent avoir trouvé les premiers la « voie d'or et d'argent » qui devait leur donner accès au Yunnan et au Se-Tchouen. Les Français, prenant pour base de leur action politique leurs possessions de l'Union indo-chinoise, ont vu dans la vallée du Mékong le vestibule du Yunnan et, convaincus enfin de sa faible valeur pratique, ont consacré tous leurs efforts à l'utilisation rationnelle de la vallée du Fleuve Rouge. Favorisés par une situation géographique exceptionnelle, par l'énergique initiative de M. Doumer, par le zèle de nos officiers et de nos ingénieurs qui se dévouèrent aux études, par l'entrain et le sens pratique de nos entrepreneurs et de notre administration coloniale, nous sommes désormais certains, malgré d'inévitables erreurs et défaillances, d'arriver bons premiers au Yunnan et de nous annexer économiquement cet immense marché.

Chacun sait aujourd'hui que le problème de l'accès dans cette province fut un des pius ardus que diplomates, topographes, ingénieurs eurent à résoudre. Il fallait, malgré la routine des habitants et les méfiances du gouvernement chinois, donner un débouché commode à un plateau de 1.500 à 2.000 mètres d'altitude, bordé par des montagnes abruptes s'élevant au sud comme un rempart faiblement strié par les coupures de quelques torrents, séparé de la mer par des centaines de kilomètres de forêts malsaines et désertes. Les faibles échanges que permettaient en pays annamite les insurrections dynastiques, en pays chinois, les guerres religieuses, suivaient, depuis des siècles, deux directions divergentes : Tali-Tengyneh-Bahmo, Mong-Tse-Manhao - Haïphong, dont Anglais et Français saisirent à la même époque les points terminus sur l'Irraouaddy d'une part, sur la mer d'autre part.

Malgré les voyages et les descriptions des missionnaires, qui se servaient parfois, depuis plus de cent ans, du Fleuve Rouge pour pénétrer dans la partie occidentale de l'empire du Milieu ; malgré la propagande et la démonstration par le fait de M. Jean Dupuis ; malgré de nombreux articles de Revue et les conférences de nombreux explorateurs, nous n'avions pas compris, dès notre installation au Tonkin, les avantages géographiques de la vallée du Fleuve Rouge et poussé les rails dans la direction du Yunnan suivant les progrès de l'occupation militaire. On pensait que la voie fluviale serait toujours suffisante et que son amélioration donnerait au mouvement commercial toute l'extension qu'il semblait raisonnable de prévoir. Le gouvernement subventionnait un service de chaloupes à vapeur entre Haïphong et Lao-Kay, remplacées pendant la saison sèche, entre Yen-Bay et Lao-Kay, par des convois de sampans ; la batellerie indigène se développait grâce au retour définitif de la tranquillité politique, conséquence de la création des territoires militaires. Au Yunnan, la population, qui avait survécu à quinze années de guerre civile et de répressions sanglantes, faisait peu à peu disparaître les traces de l'insurrection

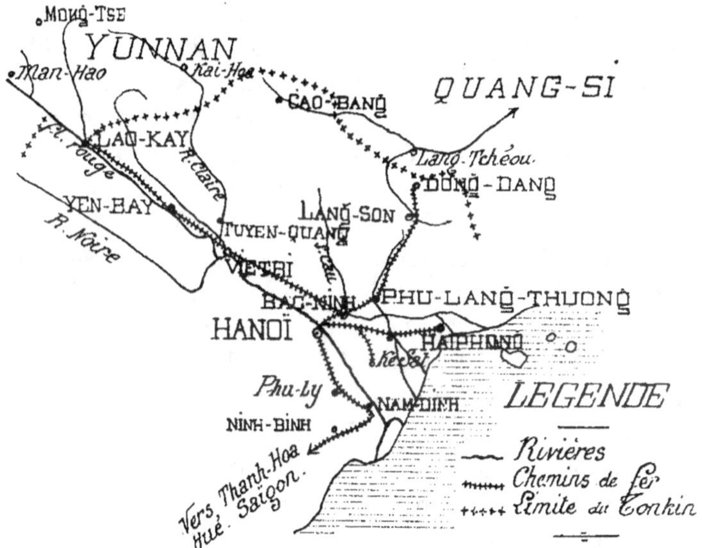

musulmane et recommençait l'exploitation des mines et la culture du pavot à opium. M. de Lanessan, alors gouverneur général de l'Indo-Chine, d'ailleurs gêné par une situation financière inextricable, crut avoir suffisamment assuré l'avenir en organisant des missions de balisage et de dérochements, en faisant étudier un projet de touage pour convois fluviaux entre Yen-Bay et

Lao-Kay. Mais les efforts acharnés des Anglais, qui activaient fiévreusement la construction de leurs lignes de Birmanie, et cherchaient à Bahmo d'abord, à Kun-tôn-Ferry ensuite, le meilleur point de passage pour le chemin de fer qu'ils rêvaient de construire, les termes ambigus de la convention franco-anglaise de 1896, l'activité des multiples agents militaires ou civils envoyés au Yunnan par le gouvernement des Indes nous firent enfin comprendre qu'il fallait se hâter si nous voulions conserver dans nos relations commerciales entre le Tonkin et la Chine occidentale la suprématie du temps et de l'espace.

En avril 1898, M. Dubail, notre ministre à Pékin, obtenait pour « le gouvernement français ou la société que celui-ci désignera » la concession d'un chemin de fer dont les études préparatoires étaient déjà presque terminées et qui devait relier Lao-Kay et Yunnan-Sên en passant par Mong-Tse. Peu après, M. Doumer ayant établi, par d'habiles mesures financières, le crédit de l'Union indo-chinoise, faisait approuver par le Parlement un emprunt de 200 millions pour l'établissement des chemins de fer nécessaires au développement des pays de l'Union. Malgré l'opposition de quelques polémistes ignorants, la ligne Haïphong - Lao-Kay fut inscrite en tête du programme de construction. Mais, afin d'assurer l'unité de direction indispensable au bon fonctionnement d'une voie de pénétration en pays chinois, une des clauses de la convention passée le 15 juin 1901 entre le gouvernement général et la compagnie concessionnaire du chemin de fer du Yunnan stipulait que la ligne Haïphong - Lao-Kay, construite par le service des travaux publics de l'Indo-Chine, devait être remise par tronçons successifs à la compagnie du Yunnan pour l'exploitation ; elle fixait au 1er mai 1905 la date extrême de la livraison.

L'exécution de cette ligne et sa jonction à Lao-Kay avec la voie concédée du Yunnan devaient mettre la capitale de la province à 860 kilomètres de la mer ; substituer Lao-Kay à Man-Hao comme origine ou terminus du mouvement commercial dans la vallée du Fleuve Rouge ; supprimer les transbordements de Man-Hao, Lao-Kay, Yen-Bay et Hanoï ; suppléer à l'évidente insuffisance du fleuve comme voie de transit ; contribuer à la diminution de nos dépenses d'occupation par la rapidité, la sécurité de nos transports militaires ou administratifs.

Quoique moindres que sur la ligne Lao-Kay -Yunnan-Sên, les difficultés de construction en territoire annamite étaient cependant considérables. Dans la région montagneuse, c'étaient la nature du sol, les mauvaises conditions climatériques, la faible densité de la population autochtone, la frayeur inspirée à la population annamite devant fournir la main-d'œuvre par le pays « muong » où « l'eau est mauvaise » et la forêt « pleine de diables », la pauvreté des ressources alimentaires, la rareté des voies de communication, la pénurie des moyens de transport insuffisants pour assurer le ravitaillement et l'évacuation des armées de travailleurs venus du Delta qu'il fallait installer sur les chantiers.

Dans le Delta, c'étaient la faible résistance du sous-sol, les ravages des inondations annuelles emportant digues ou remblais, le nombre et la largeur des cours d'eau. Mais, tandis qu'en amont de Vietri le recrutement de la main-d'œuvre semblait présenter d'insurmontables difficultés, les régions surpeuplées du Delta étaient un réservoir presque inépuisable de travailleurs qui pouvaient être utilisés, suivant la coutume annamite, à proximité de leur village, sur le territoire de leur canton.

L'établissement de la voie sur les rizières horizontales avait une grande analogie avec la construction des digues si familière aux habitants ; la richesse du pays permettait d'escompter un trafic sur-le-champ rémunérateur. En peu de temps les études étaient terminées, les devis établis. Afin de démontrer aux Annamites que les chemins de fer étaient rarement aussi meurtriers que celui de Phu-Lang-Thuong à Langson, dont le souvenir effrayait encore les indigènes ; de les accoutumer d'une façon normale à nos procédés de construction ; de former sur place, dans des conditions qui n'exciteraient pas leur méfiance instinctive, des tâcherons, des surveillants, des chefs d'équipe, des ouvriers d'art, intéressés à suivre ultérieurement les chantiers dans leur progression vers Lao-Kay ; de donner au budget les bénéfices provenant d'une exploitation immédiate dans le Delta, M. Doumer ordonna la construction des faciles tronçons Haïphong - Hanoï, Hanoï - Vietri, sans attendre l'achèvement des études techniques entreprises entre Vietri et Lao-Kay.

Le choix du tracé dans le Delta tonkinois avait soulevé des discussions passionnées. M. Doumer proposait de diriger la ligne du Yunnan vers Phu-Lang-Thuong dès sa sortie de la région montagneuse ; de la joindre ainsi à la ligne de Langson et Quang-Si ; de lui faire longer la partie septentrionale du Delta et de lui donner un débouché sur la mer au nord de Haïphong, en un point à déterminer mais où l'on pourrait établir le port en eau profonde que l'Union indo-chinoise n'aura probablement jamais. Haïphong, que sa situation géographique faisait le centre de distribution du Tonkin par communications fluviales, aurait été relié au port de transit maritime par un canal et un tramway ; la ville et les habitants auraient reçu les dédommagements en rapport avec la perte de leur situation prépondérante dans le commerce tonkinois. Hanoï, tête de ligne du chemin de fer de Saïgon, serait relié par un tramway à la grande ligne du transit sino-tonkinois.

Ce projet eut contre lui l'opinion publique et les gens du métier. Haïphong soutint bruyamment ses droits de métropole commerciale du Tonkin et ne voulut pas être dépossédée au profit d'un port qui n'existait pas ; Hanoï, capitale politique de l'Union indo-chinoise, voulait être aussi, comme Paris, le centre des communications par voie ferrée ; le réseau, coupé en deux par le Fleuve Rouge, obligeait passagers et marchandises circulant entre la Chine et l'Annam à un transbordement difficile et onéreux (1) ; les recettes de la ligne préconisée par le gouverneur général ne seraient pas de longtemps comparables à celles d'une ligne traversant le pays surpeuplé compris entre Haïphong et Vietri.

Il est cependant regrettable que M. Doumer n'ait pas imposé, malgré toutes les objections, ses vues personnelles : la voie longeant la bordure septentrionale du Delta, de Vietri à Hongay au Port-Courbet, ne porterait aucun préjudice à la navigation fluviale si intense entre Haïphong et Vietri ; la ligne serait assez élevée pour n'avoir rien à redouter des inondations ; elle desservirait une contrée dépourvue de voies de communication transversales, habitée par une population qui fut difficile à réduire ; elle ne traverserait que des cours d'eau relativement peu importants et la faible dimension des ouvrages d'art aurait diminué le prix de revient kilométrique ; l'établissement, à son débouché sur la mer, d'un port en eau profonde aurait permis de profiter

---

(1) Le transbordement n'a pas effrayé les Anglais de Birmanie, qui ont attendu vingt ans d'exploitation fructueuse pour se décider à construire sur l'Irraouaddy un pont destiné à supprimer le bac de Sagaing.

de l'expérience acquise et de suppléer à l'onéreuse autant qu'irrémédiable insuffisance d'Haïphong.

Quoi qu'il en soit, après quelques hésitations, le tracé définitivement adopté dans le Delta passait par Haïphong, Hac-Duong, Gia-Lam (Hanoï rive gauche), où la ligne empruntait pendant quelques kilomètres la voie Hanoï - frontière de Chine qu'elle quittait à la petite station de Tien-Kien et, par Vinh-Yen, se dirigeait sur Vietri. Il se reliait par le pont Doumer à la grande gare d'Hanoï et à la ligne projetée de Saïgon.

Les ponts étaient les seuls ouvrages d'art de la ligne construite entièrement sur un sol horizontal. On y compte, pour une longueur de 158 kilomètres, 70 buses et aqueducs de $0^m,60$ à 2 mètres d'ouverture, 17 ponts à tablier métallique de 4 à 35 mètres et 5 grands ponts : celui du Song-Tam-Bac (90 mètres en deux travées, dont une tournante), celui du Song-Lai-Vu (124 mètres en deux travées), le pont de Thai-Binh (380 mètres en cinq travées) avec d'énormes remblais d'accès, le pont du Song-Calo (90 mètres en deux travées), le pont de la Rivière Claire (295 mètres en quatre travées). Une des travées de ce dernier ouvrage s'écroula dans la rivière et retarda de plusieurs mois l'exploitation complète du tronçon Hanoï-Vietri. Le devis complet des dépenses s'est élevé à 18.700.000 francs, fixant à 112.600 francs le prix de revient kilométrique de la section Haïphong-Vietri (1).

Dans son ensemble, cette partie de la ligne du Fleuve Rouge est une bonne affaire. A l'inverse de ce qui se passe en Europe, les voyageurs fournissent la plus grande partie des recettes. Ainsi que pouvait le faire

-----

(1) Voir pour les renseignements techniques : P. Doumer, *Situation de l'Indo-Chine* (Annexes, p. 226 et suivantes).

prévoir la connaissance du caractère annamite, les indigènes s'accoutumèrent vite au nouveau moyen de transport qu'une intelligente adaptation mettait à leur portée. Les trains qui desservent des stations ou haltes éloignées de 6 à 10 kilomètres se composent d'une voiture mixte de 1re, 2e et 3e classes et de plusieurs voitures de 4e classe, spécialement réserves aux Asiatiques peu fortunés. Les Européens sont en effet, pour les chemins de fer en Indo-Chine, une clientèle restreinte. Militaires ou civils ne se déplacent guère que sur bons de réquisition et leur nombre est faible par rapport à celui des voyageurs indigènes. Les statistiques journalières de la gare d'Hanoï, par exemple, mentionnent en moyenne 20 Européens ou assimilés contre 1.800 Annamites ou assimilés, presque tous voyageurs de 4e classe.

La faculté laissée aux indigènes de voyager dans les classes supérieures a d'ailleurs fait couler des flots d'encre en d'incessantes récriminations au nom du « prestige », qu'un observateur impartial est surpris de lire dans les journaux indo-chinois. Les coutumières tirades pacifistes sur la fraternité des peuples, les comptes rendus de la Ligue des Droits de l'Homme et du Citoyen (section tonkinoise) expliqueraient mal l'existence, sur les réseaux du Tonkin, des prohibitions édictées aux Etats-Unis contre les gens de couleur. L'amour-propre et l'esprit caustique des Annamites y trouveraient le sujet de comparaisons souvent peu flatteuses pour nos compatriotes, et des preuves nouvelles de la contradiction qui existe entre nos principes et leur application.

Les voyageurs de 4e classe, les « nha quê », eux, sont parfaitement heureux des véhicules mis à leur disposition. Sans proférer des plaintes ou des réclamations dont ils devinent d'instinct l'inutilité, ils s'entassent au nombre de 50 à 70, avec leurs charges, dans des voitures où 30 Européens sans bagages se trouveraient gênés. Assis sur les banquettes fixées aux parois des wagons, accroupis sur le plancher, ils bavardent, chiquent le bétel, se disputent, s'épouillent au milieu des paniers de riz ou de légumes, des volailles et des cochons, indifférents au paysage, aux retards, à la lenteur de la marche, à tous les accidents causés par un tassement imprévu de remblai, le somme d'un mécanicien, l'oubli d'un aiguilleur, l'ignorance d'un chef de gare, l'impudence d'un buffle ou d'un cheval égaré sur la voie. Ils font plusieurs heures en chemin de fer pour aller dans un marché quelconque gagner quelques cents ou quelques sapèques en vendant les produits de leur basse-cour, de leur industrie ou de leurs champs, ou pour acheter, avec leur maigre bénéfice, les cotonnades anglaises ou françaises, les objets de pacotille allemande que l'on trouve aujourd'hui dans les plus pauvres cases indigènes.

Si les formalités des expéditions par grande ou petite vitesse, des connaissements, des magasinages, n'ont plus de secrets pour le Chinois retors, elles excitent toujours la méfiance irréductible de l'Annamite. Ce dernier jugerait perdue pour lui toute marchandise qu'il n'accompagnerait pas. De tout temps dupé par les fonctionnaires de tout rang, par les commerçants de toute couleur, il n'ose pas encore expédier par le chemin de fer des colis à un correspondant, fût-il son plus intime ami, chargé de la vente. Il craint que les préposés lui donnent de mauvais papiers, que le chef de gare n'assure pas le départ de son envoi, que le chef de train et les hommes d'équipe le détériorent ou le fassent disparaître, que le correspondant soit de mauvaise foi. Sachant bien que deux Annamites ne peuvent s'associer pour une affaire sans l'idée fixe de se voler mutuellement, il n'a confiance qu'en lui-même. Profitant des

spacieux wagons que l'administration met à sa disposition et des facultés de transport de bagages qu'elle lui
consent, il entasse ses denrées dans deux énormes paniers, ficelle ses deux cochons en balance au bout d'un
bâton, prend allègrement son billet avec un supplément
de 2 cents pour ses encombrants colis et s'embarque
joyeux avec la conviction qu'il ne sera volé par per-
sonne.

Voyageurs indigènes sur un train de matériel.

Cette méfiance, bien plus que la concurrence des voies
fluviales, sera un sérieux obstacle au développement
du trafic local des marchandises qui fut causé, dans les
pays de civilisation européenne, par la création et
l'extension des voies ferrées. En pays annamite, la
ligne du Yunnan ne sera donc, pour longtemps encore,
qu'un tramway sur lequel pourront circuler de nombreux trains faisant de courts arrêts dans de multiples
stations. Toute localité desservie par la section Haïphong-Vietri est, en effet, le centre d'un marché. La
facilité de déplacement des Annamites donne par con-

séquent aux moindres haltes une animation que bien des grandes gares de nos préfectures leur envieraient. On doit d'ailleurs reconnaître que rien n'a été fait pour révéler aux indigènes la pratique des expéditions commerciales par voie ferrée.

Il semblerait que, plusieurs mois avant l'inauguration des nouveaux moyens de communication qui pouvaient, grâce à l'esprit d'assimilation asiatique, révolutionner la vie économique du pays, l'administration prévoyante a dû inonder le Tonkin de petites brochures-réclames en caractères, distribuées gratuitement par les soins des fonctionnaires indigènes, sous le contrôle des résidents, donnant d'une manière aussi claire que succincte toutes les indications de prix, de temps et de moyens. Il semblerait aussi que des affiches en couleurs voyantes, illustrées de scènes locales, ont dû être placardées dans les villages ; que les renseignements adm'nistratifs rédigés en annamite (caractères et quô'c ngu) se trouvent dans les gares à la libre disposition des voyageurs ou des expéditeurs ignorants.

Ces procédés, que préconise le simple bon sens, n'ont pas été employés en Indo-Chine. La ligne a été construite ; un avis dans le *Journal officiel* a fait connaître la date de son ouverture ; les « Avis au public », les « Règlements d'administration publique », les horaires et les tarifs sont affichés en français dans les gares, à l'instar de la métropole. Ni l'administration des travaux publics qui exploita seule la partie déjà construite du réseau tonkinois, ni la compagnie du Yunnan qui lui a succédé sur la ligne Haïphong-Vietri n'ont compris qu'il fallait mettre nos chinoiseries administratives à la portée de l'ignorance et de l'inexpérience de leurs clients. Les bons paysans ne savent pas lire le français ; les plus civilisés connaissent tout juste le

quôc ngu (1) appris dans les écoles ou les régiments ;
la grande majorité sait seulement déchiffrer les 200 ou
300 caractères nécessaires dans les circonstances ordi-
naires de la vie à la campagne. Ils ont contemplé, dans
les premiers temps, les vastes pancartes réglementaires
avec le respect qu'éprouve l'Annamite pour tout papier
officiel ; ont vite deviné qu'ils n'y comprendraient jamais rien, et se trouvent sans défense contre les mille
et une petites exactions que leur infligent leurs compatriotes employés de la compagnie.

Les Annamites forment, en effet, l'immense majorité du personnel de l'exploitation. Outre les innombrables secrétaires, comptables, copistes, dactylographes
et plantons travaillant dans les bureaux, les chefs de
gare, les hommes d'équipe, les chefs de train, les con-
voyeurs des postes, les mécaniciens, chauffeurs, aiguil-
leurs, etc., sont pris dans la population indigène. On
ne pouvait en effet, sans grever l'exploitation de frais
généraux considérables, employer un personnel européen dans toutes les fonctions d'où résulte une part
quelconque de responsabilité. La compagnie du Yunnan, suivant d'ailleurs l'exemple donné par l'administration sur la ligne Hanoï-frontière de Chine et pendant son exploitation de la section Haïphong - Vietri,
a donc combiné l'utilisation aussi grande que possible
de l'élément indigène avec un contrôle incessant par
l'élément français. Malgré les multiples doléances des
journalistes tonkinois qui voudraient voir nos compatriotes nécessiteux pourvus des emplois de chefs de
gare et de chefs de train, il faut reconnaître que le service est convenablement assuré. Sans doute, les chefs

---

(1) Le quô'c ngû est la transcription phonétique de l'annamite
en caractères latins, inventée par les missionnaires portugais au
XVIIe siècle et qui rend d'immenses services.

de gare annamites portent gravement leurs insignes d'or et donnent sur le quai le signal du départ avec une imperturbable suffisance ; sans doute, les chefs de train exercent leurs fonctions avec une arrogance tout administrative ; sans doute, les hommes d'équipe embarquent ou charrient les bagages avec une désinvolture tout européenne ; mais notre éducation d'hommes civilisés nous a familiarisés en France avec ces légers désagréments.

Le développement soudain des nouvelles voies de communication ne permettait pas, d'ailleurs, un dressage méthodique des indigènes employés dans les fonctions sédentaires du service. Les écoles, aussi bien libres qu'officielles, ne peuvent suffire aux multiples demandes des administrations publiques et des entreprises privées. La plaie du fonctionnarisme, l'amour des emplois bureaucratiques étant plus développés encore en pays annamite que chez nous, les jeunes indigènes, dès qu'ils savent ânonner quelques mots de français, copier lentement d'une écriture superbe quelques lignes dont ils ne saisissent pas le sens ; résoudre, après de multiples efforts quelques faciles problèmes sur les quatre règles, méprisent la rizière ou l'échoppe ancestrale, endossent la soutanelle noire du lettré, se déclarent interprètes ou secrétaires ; sont embauchés aussitôt, soit après un examen rudimentaire s'il s'agit d'une administration de l'Etat, soit d'après la production de références fantaisistes s'il s'agit de particuliers ou de sociétés privées. Par suite, la délivrance d'un billet, la recherche d'un renseignement, la perception de frais d'expédition ou de transport constituent souvent pour le malheureux préposé, surtout en présence d'un client ou voyageur européen qui s'emporte et tempête, des problèmes ardus. Derrière son guichet, il mêle les billets, sans cesse recommence un calcul aux résultats dissemblables, examine d'un air profond les tarifs ou règlements qu'il ne comprend pas, répond par des réflexions saugrenues aux explications ou conseils qui lui sont obligeamment offerts ; va chercher, pour se tirer d'embarras, son supérieur hiérarchique, le chef de gare, dont la compétence est aussi limitée que la sienne, et, se rendant enfin à l'évidence, pressé par l'heure inexorable, il livre avec une inexprimable expression de dignité outragée le porte plume instrument du supplice au client européen, en le priant d'évaluer à sa place les droits de l'administration.

Mais, si les scribes de toute nature détachés dans les gares ont envers nous de peu triomphantes attitudes, ils se rattrapent sur leurs compatriotes plus ignorants. Les chiffres voltigent aux oreilles du « nha quê » ahuri qui, depuis la formation du pays annamite, n'a jamais exactement connu ses droits et ses devoirs. Le nombre des voyageurs, la hâte des opérations, le prestige du brassard aux insignes d'or, rendent toute réclamation inutile, surtout dans les stations que leur éloignement des grands centres met à l'abri d'un contrôle indiscret. L'esprit fertile du scribe a bientôt trouvé les multiples combinaisons dont les illégitimes profits viendront arrondir son maigre traitement de 9 à 20 piastres mensuelles. On gagne si peu et les temps sont si durs ! Parfois, un employé français du contrôle mobile découvre que le prix des billets est majoré, que la caisse d'une gare est vide, qu'un chef de station a filé avec la recette de la journée. Mais lorsque la situation matérielle des employés de gare sera mise en rapport avec les responsabilités engagées, avec les nécessités nouvelles de l'existence ; quand les demandes d'emploi dépasseront les offres ; quand il sortira des multiples écoles autre chose que des déracinés et des perroquets ignorants, le personnel indigène de l'exploitation vaudra n'importe quel personnel similaire des réseaux d'Europe ou d'Amérique.

Le personnel de la traction est très supérieur au personnel sédentaire des bureaux et des gares. L'Annamite, en effet, a des aptitudes marquées pour la mécanique et les métiers qui en dérivent. Ajusteurs, ouvriers en fer et en cuivre de toutes catégories, dressés dans les ateliers de la compagnie ou dans ceux de la direction des travaux publics et des entreprises privées, suffisent, sous la surveillance de contremaîtres européens, à tous les besoins. Wagons, locomotives, appareils élévatoires, machines-outils, etc., qui doivent être d'origine française, arrivent de France démontés : nos Annamites ont vite compris les relations et les rôles des diverses parties d'un appareil et font preuve d'une surprenante dextérité dans le montage, les réparations, l'entretien des multiples organes mécaniques d'une voie ferrée. Dans la conduite des trains, mécaniciens et chauffeurs montrent un zèle louable, une grande expérience et, dans quelques circonstances difficiles, un imperturbable sang-froid. Ils connaissent les signaux, les observent, usent avec modération du sifflet dont le bruit les réjouit, et règlent judicieusement leur marche : les trains arrivent et partent à l'heure, ce qui semblerait extraordinaire sur quelques réseaux français.

Mécaniciens et chauffeurs ont pour leur locomotive un véritable culte ; comme en France, ils la flattent ou la gourmandent, ils la nettoient, la font briller avec amour, et cet attachement contraste fort avec l'indifférence générale de l'Annamite pour les choses, les bêtes et les gens. Grâce à ces soins probablement dus à la présence de surveillants français dans les dépôts, le matériel possède une résistance et une durée extraordinaires. Les machines Decauville, par exemple, après avoir traîné les visiteurs de l'Exposition de 1889, véhiculé pendant douze ans d'innombrables trains sur la voie difficile de Phu-Lang-Thuong - Lang-Son, parcourent encore gaillardement les plaines entre Cam-Giang et Ke-Sat où, sur une ligne de tramway récemment construite, elles rendront pendant de longues années encore des services considérables.

L'extension des échanges et de la circulation, la formation rationnelle et progressive d'un personnel secondaire d'exploitation, la création d'une classe nouvelle d'indigènes que leurs emplois font nos clients et nos associés intéressés, l'orientation du goût des Annamites pour l'étude vers les sciences modernes de la comptabilité, de la mécanique pratique, ne sont pas les seules conséquences du développement des chemins de fer. En Indo-Chine, l'achèvement du réseau en construction décidera la transformation économique et politique du pays ; la section Haïphong - Victri aura dans cette transformation une influence considérable ; mais, actuellement, pour des causes passagères, son rôle commercial est restreint. Le mouvement de maichandises et de matériel causé par l'établissement de la voie dans la vallée du Fleuve Rouge, la présence des commerçants qui ravitaillent les chantiers, l'installation de colons européens dans la moyenne région, la circulation plus active des voyageurs entre Tonkin et Yunnan, qui avaient rendu insuffisant le primitif service subventionné de navigation et nécessité la formation de compagnies rivales, n'ont pas encore augmenté le trafic général du chemin de fer. Les chaloupes à vapeur peuvent, en effet, remonter jusqu'à Lao-Kay sans rompre charge pendant cinq mois de l'année ; dans cette période, les commerçants et les colons expédient ou renouvellent leurs marchandises ; l'administration des travaux publics, les entrepreneurs ou tâcherons de la ligne Viétri - Lao-Kay constituent leurs approvisionnements de matériel pour l'année suivante. Pendant la saison sèche, les chaloupes ne dépassent pas Yen-Bay où se font les transbordements sur sampans ; à la descente, la plupart des embarcations indigènes considèrent Hanoï comme leur point normal d'arrivée.

Par suite des transbordements inévitables et de la lenteur des manipulations, les marchandises transitant entre le Tonkin et le Yunnan délaissent la ligne Haïphong - Vietri, qui n'est pas davantage utilisée par le trafic commercial entre le Delta et le bassin de la Rivière Claire, dont les plaines désertes et les forêts immenses n'attirent guère ni les immigrants annamites, ni les colons européens. Tuyen-Quang étant, dans cette direction, le terminus de la navigation à vapeur, les marchandises à destination de la région suivent en toute saison depuis Hanoï la voie fluviale, tandis qu'à la descente les produits naturels du pays, bambous, bois, cunao, rotins, etc., vont toujours par sampans ou radeaux jusqu'à Vietri où ils transbordent plus aisément sur les chaloupes du fleuve que dans les trains du chemin de fer. Cependant, l'achèvement du tramway à voie de 1 mètre, qui doit relier Tuyen-Quang à Phu-Tho sur la ligne du Fleuve Rouge, modifiera cette situation. Tuyen-Quang demeurant le centre de dispersion et de rassemblement du mouvement commercial dans le bassin de la Rivière Claire, les marchandises pourront alors éviter le transbordement de Vietri, obligatoire aujourd'hui ; elles emprunteront la section Haïphong - Vietri tout entière, qui desservira ainsi une région dont la superficie est égale au quart du Tonkin.

Mais si, pour les raisons énoncées ci-dessus, cette fraction déja terminée de la ligne du Fleuve Rouge ne peut encore accaparer le trafic commercial des régions qui forment ses dépendances économiques, elle enlève aux chaloupes à vapeur, françaises ou chinoises, la presque totalité du transport des voyageurs. Pour un prix moitié moindre, l'Annamite effectue en quatre ou six fois moins de temps, suivant la direction, le trajet entre Viétri et Haïphong. Il fallait autrefois, par le Fleuve, dix-huit heures en saison des pluies, de vingt-quatre à quarante-huit heures en saison des basses eaux pour aller de Haïphong à Hanoï ; le même voyage est effectué en quatre heures par quatre trains quotidiens correspondant avec ceux d'Hanoï à Viétri, qui franchissent en trois heures les 73 kilomètres séparant ces deux villes : les chaloupes mettent de seize à vingt heures suivant la saison et leur départ d'Hanoï ne coïncide pas avec l'arrivée du bateau de Haïphong.

En résumé, trois jours étaient nécessaires à la montée pour faire, par voie fluviale, dans les conditions les plus favorables, un voyage qui n'exige plus aujourd'hui que sept heures par voie ferrée. A la descente, on devait compter trente-six heures, à condition qu'il n'y ait pas d'échouage, y compris l'inévitable arrêt d'une demi-journée à Hanoï, pour aller de Vietri à Haïphong.

Les chaloupes représentaient sur les sampans indigènes un progrès immense ; dès l'inauguration du chemin de fer, elles nous semblèrent des moyens de transports désuets. Aujourd'hui, les trains eux-mêmes, avec leur sage vitesse commerciale de 25 à l'heure, ne suffisent plus à notre hâte fébrile d'hommes toujours pressés dont l'agitation contraste si étrangement avec l'impassibilité des Annamites. On s'étonne de la lenteur de la marche, on réclame des express « comme en France ». Mais il paraît certain que 35 kilomètres à l'heure seront une vitesse qui ne pourra être de longtemps dépassée sur les lignes du réseau indo-chinois. Ce n'est pas le manque de fixité des remblais d'une voie récente, construite sur des terrains vaseux comme ceux du Delta tonkinois, qui limite ainsi le rendement de la ligne, mais plutôt un défaut initial de construction.

Lorsque M. Doumer fit adopter le programme général des chemins de fer d'Indo-Chine, il parut à beaucoup d'esprits sérieux, ou réputés tels, que l'entreprise était prématurée, qu'elle ne ferait pas ses frais, car elle serait ruinée par la concurrence implacable de la navigation fluviale. L'Annamite, disait-on encore, est accoutumé aux sampans, aux chaloupes ; pour lui, le temps ne compte pas ; il fera plus volontiers un jour de voyage en bateau que deux heures en chemin de fer, s'il paye quelques sapèques moins cher.

Ces objections prouvaient, non seulement une méconnaissance complète du caractère de l'indigène, mais encore l'ignorance absolue de l'extraordinaire succès des chemins de fer siamois et birmans. Les éléments des lignes projetées furent donc établis pour satisfaire aux besoins restreints du présent, mais non en prévision des nécessités de l'avenir. Le type de rails adopté (25 kilogrammes par mètre courant), l'emploi des rayons de 100 mètres pour de trop nombreuses courbes, ne permettent pas la circulation de trains lourds ou à grande vitesse. En outre, l'on pensa qu'une ligne à voie unique suffirait pour desservir les régions surpeuplées du Delta tonkinois.

Contrairement à ce qui se fait en Europe quand la richesse latente des pays traversés permet d'escompter un accroissement considérable du trafic, terrassements, ouvrages d'art ne sont construits que pour une seule voie. Toute modification importante dans l'horaire des trains est rendue désormais très difficile par la multiplicité des ponts. Le doublement des remblais pour l'établissement d'une seconde voie se ferait aisément et sans grands frais, mais la transformation des ponts est impossible. La construction de nouveaux ouvrages occasionnera une dépense que le budget indo-chinois supporterait avec peine et qui ne pourrait être pratiquement payée que sur les fonds d'un nouvel emprunt (1).

Le développement du trafic général sur la grande artère Vietri - Haïphong sera donc limité par les inconvénients de la voie simple ; ces inconvénients auront sur les transports stratégiques une influence plus fâcheuse encore. L'on peut prévoir, en effet, que la tranquillité dont jouit actuellement l'Union indo-chinoise n'aura pas une très longue durée. Si nous devons réprimer une insurrection en pays annamite, ou faire une démonstration au Yunnan pour protéger la construction du chemin de fer, nos effectifs seront transportés sur la ligne Vietri - Haïphong pour leur permettre d'arriver en temps utile sur le point menacé. Si nous devons lutter contre une invasion venant par mer, c'est aux environs de Vietri que se rassembleront les troupes de la Rivière Claire et du Fleuve Rouge ; c'est également vers Viétri que devront refluer nos garnisons mobilisées du Bas-Tonkin et des régions de Lang-Son et de Mong-Cay : la tête du Delta est, en effet, le point où le commandement devra concentrer ses forces pour se donner du champ, la liberté de manœuvre, la sécurité sur l'arrière gardé par les fidèles et braves populations des montagnes, le loisir de préparer la cohésion des troupes et la liaison des armes, d'entraîner les chefs de tous grades à la conduite de leurs unités, la possibilité de combiner ses mouvements avec le débarquement de renforts venus de France, sans lesquels il ne pourrait guère faire, au milieu d'un pays désorganisé, qu'une guerre de partisans sans résultats sérieux où fondraient rapidement ses effectifs. Or, la capacité des

---

(1) Toutes les lignes du réseau n'ont été prévues et construites que pour une voie simple.

trains sur le réseau indo-chinois est quatre fois moindre que sur les réseaux français, la vitesse de transport est d'un tiers inférieure et le matériel actuel n'existe pas en quantité suffisante. L'exemple de la lenteur des concentrations au Japon où les réseaux sont à voie unique, l'éparpillement de nos forces militaires font deviner les déboires que nous réserve l'imperfection initiale de nos chemins de fer et que le caractère purement géographique de cette étude permet seulement d'indiquer.

En résumé, malgré la direction judicieuse du tracé, la faiblesse des déclivités, l'on peut assurer que la section Haïphong - Vietri, à voie unique, traversant un pays surpeuplé, devant desservir les vastes vallées de la Rivière Claire et du Fleuve Rouge, être utilisée par le trafic avec le Yunnan, sera prochainement insuffisante pour des raisons économiques aussi bien que militaires, et qu'il faudrait, dès maintenant, prévoir sa reconstruction.

La ligne du Fleuve Rouge : section Vietri - Lao-Kay.

La construction de la section Haïphong - Vietri s'était achevée dans les délais prévus et, sauf pour les fondations des ponts en terrain vaseux, elle n'avait pas mis à de rudes épreuves la science de nos ingénieurs, ni causé de graves déceptions aux entrepreneurs. L'exécution de la section Vietry - Lao-Kay devait, au contraire, présenter sans cesse des difficultés insoupçonnées et donner, dans son ensemble, des enseignements précieux pour l'avenir. C'était, en réalité, la première ligne en pays de montagne, qu'on établissait au Tonkin dans des conditions normales : les 100 kilomètres de l'ancienne ligne Phu-Lang-Thuong-Langson avaient été construits à coups de millions ; les terrassements, ouvrages d'art calculés pour une voie de $0^m,60$, ne pouvaient être comparés avec les travaux similaires que nécessitait la voie de 1 mètre ; l'insuffisance des études, l'organisation défectueuse des chantiers, l'effrayante mortalité des coolies annamites et chinois avaient passé presque inaperçues au milieu des préoccupations causées par les opérations militaires et les problèmes administratifs.

La ligne Vietri - Lao-Kay, au contraire, devait avoir 225 kilomètres environ ; les évaluations de son prix de revient devaient être soigneusement calculées, les dépenses soumises à un contrôle immédiat et minutieux ; il fallait compter avec l'opinion publique, éviter les hécatombes d'ouvriers, s'inspirer autant que possible, sur les chantiers, des théories humanitaires dont notre intérêt bien entendu exigeait la rigoureuse application.

Le choix de la direction générale que devait suivre la ligne de jonction entre le Yunnan et le Delta tonkinois avait donné naissance à des discussions passionnées : les uns préconisaient la vallée de la Rivière Claire avec un tracé jalonné par Tuyen-Quang, Hagiang, Hai-Hoa, rejoignant à Mong-Tse la ligne du Yunnan dont on supprimait ainsi le difficile tronçon Mong-Tse - Lao-Kay ; mais ce tracé, par suite de la configuration géographique du pays, s'écartait de la Rivière qui devenait inutilisable pour le transport du matériel dans une zone déserte, dépourvue de voies de communication ; en outre, il obligeait à de nouvelles négociations avec le gouvernement chinois pour la modification de la concession accordée au Yunnan et qui fixait Lao-Kay et Yunnan-Sên comme points extrêmes du chemin de fer projeté. Les autres, considérant la richesse relative de la vallée du Song-Chay, indiquaient un tracé par Phu-Doan, Phu-Yen-Binh, Luc-An-Chan qui, franchissant à ciel ouvert la ligne de faîte entre ce point et Bao-Ha, suivrait alors la vallée du Fleuve Rouge jusqu'à Lao-Kay ; mais la faible navigabilité du Song-Chay entre Phu-Doan et Luc-An-Chau aurait rendu difficiles et très onéreux le transport du matériel et la constitution de centres d'approvisionnement.

La solution adoptée par le gouverneur général maintenait la ligne entière de la vallée du Fleuve Rouge ; si le pays offrait peu de ressources en vivres et en main-d'œuvre, le tracé avait la longueur minimum ; son faible éloignement du fleuve, constamment accessible aux chaloupes et sampans naviguant à la voile, permettait le transport du matériel dans des conditions acceptables, sa répartition sur des bases secondaires convenablement choisies, et la construction simultanée par petits tronçons au lieu de la construction de bout en bout ; la population du Delta, qui fournirait en grande partie la main-d'œuvre, avait moins de répugnance pour le Fleuve Rouge que pour la Rivière Claire et surtout le Song-Chay. En conséquence, la rive gauche du fleuve entre Viétri et Lao-Kay fut choisie comme zone de passage de la ligne.

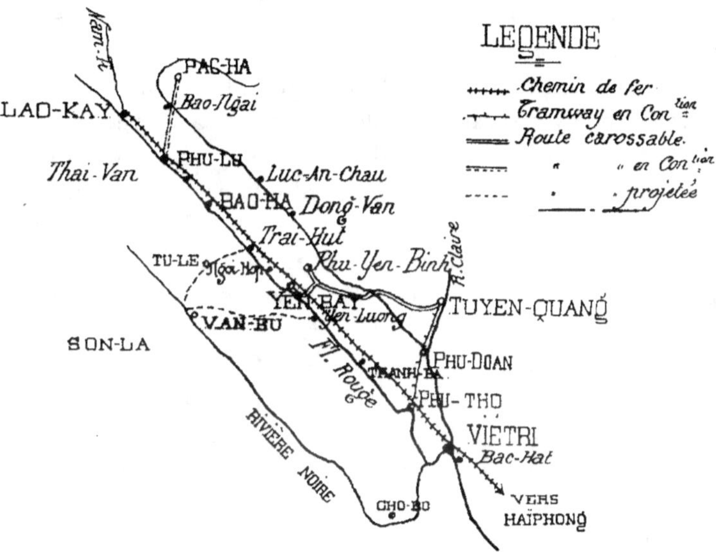

Le service géographique du corps d'occupation, dont la création venait d'être décidée, n'avait pas encore publié sur cette région de documents topographiques sérieux ; les meilleures cartes étaient constituées par des assemblages d'itinéraires, dont quelques positions géographiques déterminées par le théodolite ou le sextant et le chronomètre formaient le canevas. L'établissement d'un avant-projet d'après une cartographie aussi rudimentaire pouvant exposer à de graves mécomptes, l'administration des travaux publics décida, dès 1899, de confier à un entrepreneur d'études le soin de dresser une carte à grande échelle de la rive gauche du fleuve. En quelques mois cet entrepreneur livrait, à raison de 600 francs le kilomètre, un plan au 1/200.000ᵉ, d'après lequel M. Borreil, ingénieur des travaux publics, détermina les éléments de la ligne projetée et le devis approché de la construction. Mais lorsqu'il fallut piqueter le tracé sur le terrain l'on s'aperçut que la carte faite dans plusieurs de ses parties par un personnel inexpérimenté présentait de graves inexactitudes. Le chef d'escadron Gosselin, de l'artillerie coloniale, reçut alors la mission de faire exécuter de nouveau le travail topographique par un personnel mixte comprenant des officiers d'infanterie et d'artillerie coloniales et des conducteurs et commis de l'administration ; il devait donner à cette opération le caractère d'une étude définitive et présenter, avec un tracé, un devis aussi précis que possible.

Les propositions du commandant Gosselin, en ce qui concerne les caractéristiques de la ligne et la hauteur de la voie au-dessus du fleuve ne furent pas adoptées. Le commandant, escomptant les possibilités de développement ultérieur du trafic, voulait donner au chemin de fer une grande capacité de transport : la ligne n'aurait eu que de faibles rampes ; les alignements droits, de longueur suffisante, seraient reliés par des courbes à grand rayon ; en outre, après avoir interrogé les habitants, consulté les observations hydrographiques faites dans les postes militaires, examiné les modifications produites dans les berges par les crues annuelles, il plaçait la plate-forme à une hauteur suffisante au pied des collines, loin des rives, pour qu'elle fût hors de l'atteinte des plus grandes inondations.

Ces conditions ne pouvaient être réalisées qu'avec un volume de terrassements relativement considérable, et le percement de quelques tunnels de longueurs restreintes. Il sembla que la dépense effective de construction serait supérieure au devis, que les difficultés d'établissement de la ligne seraient augmentées et la date de livraison retardée. Le trafic, qu'on s'obstinait à prévoir peu important dans l'avenir, ne parut pas exiger une voie permettant les grandes vitesses ou la circulation de trains lourds. En conséquence M. Delhomme, conducteur des travaux publics, plaça sur les plans topographiques de la mission Gosselin un nouveau tracé d'après des instructions, suivies trop à la lettre, qui peuvent se résumer ainsi : abaisser de 1 mètre le niveau du tracé Gosselin, plier le tracé au terrain, supprimer les tunnels ; éviter les grands terrassements, surtout en remblai ; réduire à 100 mètres le rayon minimum des courbes et à 25 mètres la longueur des alignements droits ; admettre des rampes à $0^m,018$ net dans le sens Vietri - Lao-Kay, à $0^m,015$ dans le sens Lao-Kay - Vietri (1).

Par suite de ces modifications, le devis Gosselin fut ramené de 20.150.000 francs à 17.400.000 francs pour l'infrastructure et les bâtiments ; le prix des rails et des traverses (2) fut fixé à 7.500.000 francs ; celui du matériel roulant, à 1.900.000 francs, etc. ; le prix de revient kilométrique à 135.000 francs, et la longueur de la ligne à 223 kilomètres. Les ponts, qui étaient les seuls ouvrages d'art de la ligne, seraient soit ouverts, c'est-à-

---

(1) On admettait des rampes plus fortes dans la direction de Lao-Kay, car on supposait que les trains de marchandises à destination du Yunnan ne seraient jamais très lourds.

(2) Malgré l'abondance et la beauté des bois que produisent les forêts annamites, l'administration a décidé d'employer sur tout le réseau indo-chinois des traverses métalliques moins attaquées par l'humide chaleur du climat.

dire à tablier métallique reposant sur des culées en maçonnerie, soit voûtés. Les éléments et le nombre de ces ouvrages figurent dans le tableau suivant :

AQUEDUCS VOÛTÉS									AQUEDUCS OUVERTS												
Buses	1^m	1 50^m	2^m	3^m	4^m	6^m	8^m	TOTAL	0 40^m	1^m	2^m	4^m	6^m	8^m	12^m	16^m	20^m	25^m	30^m	40^m	TOTAL
392	132	22	75	22	21	6	1	671	81	25	15	19	10	13	17	19	22	5	1	1	239

TOTAL GÉNÉRAL : 910.

Ces ponts seraient construits soit en pierre de taille dans le tronçon Vietri - Yen-Bay, soit en béton aggloméré entre Yen-Bay et Lao-Kay. Le faible nombre de bons tailleurs de pierre et maçons indigènes, la lenteur d'exécution qu'aurait eue pour conséquence la multiplicité des ouvrages, rendaient cette innovation nécessaire. Elle a donné d'excellents résultats. Les voûtes et culées en béton se montrèrent en effet, dans la suite, d'une solidité remarquable ; la facilité, la rapidité de leur construction devaient plus tard généraliser sur la ligne de Saïgon l'emploi de ce genre de maçonnerie.

Pour la mise en adjudication, la section Vietri - Lao-Kay était partagée en trois lots d'importance équivalente, quoique de longueurs inégales : Vietri - Yen-Bay, 82 kil. 500 ; Yen-Bay - Trai-Hut, 49 kil. ; Trai-Hut - Lao-Kay, 91 kil. 500. Les prix de revient étaient calculés de façon à exciter l'émulation des entrepreneurs ; après l'adjudication, l'administration payait par exemple :

Maçonnerie : 40 francs le mètre cube, en moyenne.

Terrassements. --- a) *Tranchée* (avec obligation de

faire le remblai correspondant) : 1er tronçon, 0 p. 50 le mètre cube ; 2e tronçon, 0 p. 60 ; 3e tronçon, 0 p. 90 (1).

b) *Emprunts* : 1er tronçon, 0 p. 30 ; 2e tronçon, 0 p. 35; 3e tronçon, 0 p. 40.

Ballast : 3 piastres le mètre cube, y compris l'extraction et le répandage.

Le concessionnaire était tenu d'assurer des logements convenables aux coolies employés sur la ligne ; il leur devait les soins médicaux ; l'achat de médicaments, l'établissement des infirmeries et des ambulances étaient à sa charge. L'administration mettait seulement à sa

Paysage du Delta tonkinois.

disposition des médecins militaires pris dans les garnisons du Fleuve Rouge et qui devaient, au moins une fois par semaine, visiter les secteurs Vietri - Yen-Bay,

---

(1) Les prix étaient établis en francs pour les matériaux d'origine française ; ils étaient fixés en piastres pour les travaux ou fournitures faits par les indigènes, qui sont peu affectés par les variations imprévues du cours de l'argent. La piastre oscille de 2 francs à 2 fr. 40.

Yen-Bay - Trai-Hut, Trai-Hut - Thai-Van, Thai-Van - Lao-Kay. Enfin, pour faciliter le règlement des litiges entre le concessionnaire et l'Administration, la ligne projetée forma un arrondissement de la circonscription des chemins de fer du Tonkin et Nord-Annam, dont Yen-Bay devint le chef-lieu, et qui fut partagé en sections de 40 kilomètres en moyenne.

Le commandant Gosselin n'accepta pas les fonctions d'ingénieur en chef de l'arrondissement, qui furent, par tradition, réservées à des chefs d'escadron d'artillerie coloniale ; des officiers de l'armée coloniale et des conducteurs des travaux publics occupent les emplois de chefs de section.

A la suite de l'appel d'offres fait en mai 1901 par le service des travaux publics, MM. Daurelle, Brossart et Cie, remplacés six mois plus tard par MM. Daurelle et Briffaut, furent déclarés adjudicataires pour l'ensemble de la ligne Viétri - Lao-Kay. Ils centralisèrent aussitôt les services de l'entreprise à Yen-Bay, où résida leur ingénieur en chef, qui était ainsi bien placé pour le règlement des comptes, la discussion des litiges entre les concessionnaires et l'Administration, et pour présenter en temps utile ses réserves à l'ingénieur en chef de l'arrondissement. Un cadre complet de surveillants, commis et conducteurs, engagés par les concessionnaires et recrutés dans la population européenne du Tonkin, dirigeait sur place les travaux sous le contrôle des chefs de section.

Les entrepreneurs avaient d'ailleurs donné à leurs chantiers une organisation en principe rationnelle, qui devait être plus tard conservée par le service des travaux publics. La fourniture et la pose des ponts métalliques étaient sous-traitées par la maison Daydé-Pillet. L'exécution des terrassements et la maçonnerie des 2e et 3e lots étaient confiées à des tâcherons européens qui soumissionnaient des tronçons de 4 à 9 kilomètres. Le 1er lot était donné à un entrepreneur bien connu au Tonkin, M. Guillaume, qui avait, en outre, obtenu le ballastage et la pose de voie jusqu'à Yen-Bay ; il avait lui-même fractionné son lot en petites tâches pour l'infrastructure, et chargé de la superstructure (ballastage et pose de voie) un seul tâcheron qui, grâce à son zèle et son intelligence, devait conserver plus tard l'exécution de ce travail jusqu'à Lao-Kay. Les tâcherons, à leur tour, sous-louaient leurs tronçons à des chefs ouvriers (*caïs*) annamites ou chinois qui exécutaient le travail à la tâche et non à la journée. Les ouvriers asiatiques pouvaient ainsi gagner de 40 à 80 cents (1 fr. 10 à 2 francs) par jour sur les 2e et 3e lots, et de 25 à 60 cents (0 fr. 60 à 1 fr. 50) sur le 1er. Mais, tandis que l'infrastructure et la superstructure étaient exécutées simultanément sur le 1er lot, les terrassements seuls étaient poussés avec assez d'activité sur le 2e lot, et, sur le 3e, l'entreprise se contentait, en attendant l'organisation des chantiers, de débroussaillements que la puissance de la végétation rendait superflus.

Malgré l'activité déployée par les concessionnaires et les tâcherons, la construction de la ligne progressa lentement.

A la fin de février 1904, la voie n'arrivait dans le 1er lot qu'à 10 kilomètres de Yen-Bay, en retard d'une année sur les prévisions ; le ballast était insuffisant pendant une quarantaine de kilomètres, les travaux de parachèvement n'étaient pas commencés. Sur le 2e lot, les terrassements seuls étaient à peu près terminés ; ils étaient à peine ébauchés dans le 3e lot. Cependant, le gouvernement général avait promis à la compagnie du Yunnan la livraison de la ligne entière pour le 1er mai 1905, et l'on pouvait prévoir que l'entreprise ne pourrait terminer les travaux dans le délai fixé. A la suite de négociations entre les concessionnaires et l'Administration, le contrat fut résilié d'un commun accord et, le 24 mars 1904, le service des travaux publics se substituait à MM. Daurelle et Briffaut pour la continuation et l'achèvement du chemin de fer. L'on constatait ainsi au Tonkin la sagesse du principe admis par les Anglais dans la construction de leur réseau de Birmanie : « En pays neuf, l'Etat construit mieux et plus vite qu'une compagnie, mais les compagnies exploitent mieux que l'Etat. »

L'échec de l'entreprise avait des causes multiples. La principale semble avoir été l'insuffisance des moyens financiers. Il fallait, en effet, pouvoir disposer de sommes énormes pour la mise en train et le fonctionnement régulier de chantiers sur une longueur de 223 kilomètres dans une région déserte, pour les transports du matériel qui arrivait de France, formant la cargaison de nombreux navires. Le transbordement d'Haïphong, les transports sur le fleuve exigeaient à leur tour une flotte de sampans montés par une armée de rameurs. Les surveillants, commis et conducteurs de l'entreprise jouissaient de traitements considérables justifiés par la cherté de l'existence dans la zone des travaux, et surtout par la difficulté du recrutement : tel sujet allemand, ancien sous-officier de la légion étrangère, par exemple, libéré au Tonkin et qui devait à ses aptitudes spéciales une place de conducteur, était payé à raison de 1.000 francs par mois. En outre, le plus grand nombre des tâcherons manquaient eux-mêmes des ressources initiales nécessaires. La plupart étaient de simples terrassiers italiens, attirés en Indo-Chine par la compagnie du Yunnan et qui, ne trouvant pas d'emploi sur la ligne de Lao-Kay à Yunnan-Sên dont la construction était retardée par les avenants présentés au Parlement, restaient au Tonkin et se déclaraient entrepreneurs. Avant que fût donné le premier coup de pioche, les concessionnaires voyaient ainsi la majeure partie de leurs fonds absorbée par l'élévation des dépenses de transports maritimes et fluviaux, l'importance des frais généraux, la valeur considérable des avances consenties aux tâcherons et patrons indigènes des sampans. Lorsque les chantiers furent en pleine activité, les formalités administratives rendirent très lents les règlements mensuels ; les chefs de section refusaient pour malfaçon la plupart des travaux exécutés par des tâcherons inexpérimentés ou trop désireux d'augmenter leurs bénéfices, et leur décision provoquait des litiges dont la discussion, toujours longue, retardait d'autant le paiement des parties reçues ; tantôt les conducteurs de l'entreprise faisaient des réserves au sujet de modifications imprévues dans le tracé adopté, modifications imposées par des nécessités locales qui avaient passé inaperçues lors du premier piquetage, et ces réserves, exigeant maintes fois l'intervention du directeur général des travaux publics, reculaient de plusieurs mois le décompte des sommes dues à l'entreprise. Les concessionnaires, dont les ressources étaient immobilisées en grande partie par des avances inévitables, se trouvaient donc sans cesse aux prises avec la question d'argent et ne pouvaient donner à leurs chantiers le développement nécessaire.

L'absence d'un fonds de roulement suffisant rendait en effet très précaires le recrutement et la stabilité des travailleurs. Sur le tronçon Vietri-Thanh-Ba, la ligne traverse une région relativement peuplée ; les villages situés à proximité de la voie fournissaient un grand nombre de coolies annamites dont les conditions d'existence étaient ainsi peu modifiées. Mais, en arrivant à Thanh-Ba jusqu'à Trai-Hut, et surtout dans le 3e lot jusqu'à Lao-Kay, les villages, formés d'ailleurs de quelques maisons seulement, sont rares ; ils sont peuplés de Thos réfractaires à l'embrigadement sur des chantiers. Malgré la sécurité du pays, malgré la liberté, malgré la légèreté des charges fiscales que le gouvernement fait pratiquer dans la province de Yen-Bay et le cercle de Lao-Kay, pour en favoriser le peuplement par l'immigration, les Annamites, effrayés par le souvenir de la guerre, les récits des tirailleurs libérés, la mortalité dans les postes militaires, ne songeaient pas à quitter leurs villages où l'excès de la population rendait parfois l'existence difficile. Les rares indigènes qui s'aventuraient en amont de Yen-Bay étaient de pauvres hères en délicatesse avec les autorités judiciaires de leur province, ou des colporteurs, ou des bûcherons allant confectionner sur les bords du fleuve d'immenses radeaux de bois et de bambous dont ils trouvaient un bon prix sur les marchés du Delta. Il fallait donc, pour attirer et fixer sur les chantiers les milliers de coolies nécessaires, supprimer par une organisation convenable la méfiance raisonnée des indigènes : la construction de campements convenables, l'abondance et la régularité des ravitaillements, la rapidité des évacuations, l'efficacité des hospitalisations et des soins médicaux auraient dû être les garanties offertes aux travailleurs en échange du labeur pénible qu'on leur demandait. Malheureusement cette organisation préliminaire, dont les concessionnaires comprenaient bien la nécessité, ne pouvait être faite qu'au prix de dépenses considérables qu'ils n'étaient pas en état d'engager.

L'appât des gains relativement élevés que les agents recruteurs avaient vantés dans le Delta et dans les provinces chinoises limitrophes du Tonkin attira bien quelques centaines d'Annamites qui se mélangèrent, entre Trai-Hut et Lao-Kay, à quelques dizaines de

Chinois venus du Yunnan et des environs de Mong-Cay. Mais l'exécution des débroussaillements en pleine forêt vierge, le percement des tranchées dans un sol sursaturé de détritus végétaux, le transport des terres aux émanations fiévreuses, la chaleur humide du climat, qui mettaient à de rudes épreuves les robustes constitutions des surveillants européens, eurent bientôt de funestes effets sur les organismes débilités des travailleurs asiatiques. Les campements étaient d'ailleurs dressés avec des matériaux de fortune, en opposition avec les règles les plus élémentaires de l'hygiène, et caractérisés par une immonde saleté contenant toutes les maladies en germe.

Dans ces campements qu'aucune police ne surveillait, le jeu faisait rage. La plus grande partie des salaires enrichissait de nombreux tenanciers annamites ou chinois, ou quelques joueurs heureux qui s'empressaient de déserter les chantiers après fortune faite. Ceux qui restaient, dépourvus de ressources, ne pouvaient se procurer une nourriture convenable, mangeaient des racines et des herbes bouillies, quelques poignées de maïs, et ce régime peu substantiel les anémiait rapidement. Les vivres étaient d'ailleurs d'une cherté exagérée. Les Thos des vallées, les Mans des montagnes apportaient bien sur les chantiers les produits de leurs champs et de leur basse-cour ; mais cochons et légumes n'étaient pas en quantité suffisante, et le riz rouge ou le maïs de la haute région ne convenaient pas aux estomacs des travailleurs accoutumés au riz blanc des plaines chinoises et du Delta tonkinois. Le ravitaillement était surtout assuré par des marchands annamites qui apportaient, soit à dos d'homme, soit par sampans, des cargaisons de vivres et d'objets de pacotille dont les risques de transport et la lenteur du voyage augmentaient singulièrement la valeur. L'arrivée des approvisionnements soumis ainsi à l'initiative privée était d'ailleurs rendue très irrégulière par l'état précaire des communications : un violent orage, une sécheresse trop grande suffisaient pour affamer les chantiers.

L'organisation médicale aurait dû pouvoir satisfaire aux exigences d'un mauvais état sanitaire général résultant de la nature des travaux, de l'installation rudimentaire des campements, de l'insuffisance ou de la mauvaise qualité de la nourriture. Malgré les formelles prescriptions du cahier des charges, elle ne fut

Paysage du moyen Fleuve Rouge.

qu'ébauchée. Rien n'était préparé pour lutter contre les épidémies de béribéri qui firent chaque année, surtout en juin-juillet 1904, de nombreuses victimes ; les fièvres des bois, la dysenterie, les congestions de la rate, les maladies du foie, l'épuisement, les plaies qui sévissaient sur les chantiers. Les médecins militaires de Vietri, Yen-Bay, Baotta, Lao-Kay visitaient bien les sections qui leur étaient assignées ; mais la longueur des distances, le nombre des malades, le manque de médicaments, d'infirmiers, de formations sanitaires, rendaient leur intervention sans effet. Tandis que les employés européens trouvaient dans les ambulances militaires de Yen-Bay, Lao-Kay ou Vietri des soins souvent trop tardifs, les coolies, effrayés par la multiplicité des décès, la situation misérable de leurs camarades mourant solitaires sur le bord d'un sentier, sous un abri de feuillages, désertaient les travaux à la moindre alerte, et leurs récits dans les villages du Delta rendaient la population de plus en plus réfractaire au recrutement de la main d'œuvre. C'est alors qu'un saint homme, le R. P. Michet, missionnaire à Yen-Bay, afin de pallier autant qu'il le pourrait les mauvaises conséquences économiques et politiques résultant de cette situation lamentable, se résolut à transformer en hôpital indigène la salle de consultations gratuites qu'il avait ouverte depuis quelques années, et que l'afflux des Asiatiques, en amont de Yen-Bay, rendait insuffisante. Il refusa les offres des mandarins de la province qui lui proposèrent de faire une souscription dans la population annamite ou chinoise, ne voulant pas que cette souscription puisse être prise par quelques indigènes pour un nouvel impôt qu'imaginaient les Français, par quelques Européens comme une leçon ou un empiétement du parti clérical, et consacra la totalité de son maigre traitement d'aumônier de l'ambulance à la réalisation de son projet. La charité de nos compatriotes lui venait rarement en aide : elle ne se montre guère que dans les colonnes de journaux et l'anonymat lui fait peur.

Il semble que les pouvoirs publics aient dû encourager, favoriser cette intéressante tentative ; mais l'on n'était plus au temps où l'on rendait, en Indo-Chine, hommage au mérite, quel que fût son habit. L'administration provinciale se contenta d'accorder une dernière natte et une fosse gratuite aux coolies qui venaient mourir, épuisés, sous le marché du chef-lieu ; une cangue et une pioche à ceux qui désertaient les chantiers pour regagner leur village avec le peu de forces qui leur restait ; un billet d'entrée à l'hôpital de la Mission pour ceux qui n'étaient pas assez morts pour être enterrés, qui l'étaient trop pour aller en prison. Ces billets d'entrée étaient d'ailleurs aussi gratuits pour le titulaire que pour le budget provincial ; ils faisaient de l'hôpital une sorte d'annexe du violon, moins oné-reuse pour les finances publiques puisque la « Princesse » nourrit au moins ses pensionnaires du violon.

L'entreprise Daurelle comprit autrement son rôle envers les malheureux qui lui devaient, en échange d'un maigre salaire, la ruine de leur santé. Ne pouvant recueillir ses malades dans des formations sanitaires qu'elle n'avait pas les moyens d'organiser pour son propre compte, elle offrit au P. Michet de lui payer 30 cents chaque journée d'hospitalisation des coolies que les agents de l'entreprise ou les médecins militaires éva-cueraient directement sur l'hôpital. La somme était modique, insuffisante souvent, car le prix des remèdes et des pansements quotidiens seuls était en général supérieur pour la grande majorité des malades ; mais, en résumé, si le soin des coolies de l'entreprise n'était pas une source de revenus pour l'hôpital, il n'était pas une cause de sérieux déficit. Il faut dire, à l'honneur du commandant Bellat, directeur actuel des travaux en régie, qu'il a fait siens les engagements précédents.

Le tableau suivant montrera d'ailleurs, mieux qu'un discours, l'utilité de l'hôpital du P. Michet. La statis-tique n'est évidemment pas complète ; car de nombreux coolies, ayant déserté les chantiers, sont morts soit dans leurs villages, soit dans la forêt, sans avoir été soignés à Yen-Bay.

DÉSIGNATION	Indigents.	Prisonniers et gardiens (1).	Employés indigènes de la compagnie du Yunnan.	PROVENANT DES CHANTIERS DU CHEMIN DE FER				TOTAL GÉNÉRAL	OBSERVATIONS
				Entreprise Daurelle et travaux publics.	Divers.	Entreprise Guillaume.	Total.		
Malades......	318	98	7	683	120	57	860	1.281	L'hôpital a été ouvert en août 1903 et la statistique est arrêtée au 10 novembre 1904. En janv. 1905, le nombre des malades traités dépassait 1.600.
Journées de traitement.	8.270	1.788	76	13.020	2.165	964	16.149	23.283	
Décès.........	78	14	3	104	10	7	121	216	
Consultations	(10 par jour, en moyenne).								

L'on peut conclure des considérations ci-dessus que les connaissances techniques, l'habileté professionnelle sont insuffisantes pour la direction, l'exécution de grands travaux en pays neuf. Il faut aussi, pour mener à bien une entreprise aussi importante que la ligne Vietri - Lao-Kay, outre des capitaux énormes, la connaissance complète du pays et des habitants, une adaptation parfaite des moyens matériels et financiers aux mœurs et nécessités locales et, dans les relations de patron à travailleurs, la pratique du sentiment chrétien de fraternité humaine. L'expérience acquise aux dépens de MM. Daurelle et Briffaut ne devait pas être perdue pour l'Indo-Chine. Après la résiliation du contrat, l'Administration allait profiter des enseignements donnés par la campagne précédente. Disposant des ressour-

---

(1) L'administration provinciale payait au P. Méchet 7 cents par journée d'hospitalisation des prisonniers et des gardiens (linh co) ; or, la nourriture seule coûtant 10 cents par homme et par jour.

ces presque illimitées de l'emprunt, elle devait pouvoir éviter les fautes, les retards, les malentendus, la pénurie de moyens auxquels les concessionnaires devaient leur échec.

Le commandant Bellat, de l'artillerie coloniale, déjà connu en Indo-Chine par ses remarquables missions d'études au Yunnan, occupait, depuis novembre 1903, les fonctions d'ingénieur en chef de l'arrondissement Vietri - Lao-Kay. Après avoir, à la satisfaction générale, résolu le difficile problème représenté par la liquidation de l'entreprise, il résolut d'activer autant que possible les travaux sur le 2ᵉ lot (Yen-Bay - Trai-Hut), de presser l'achèvement du 1ᵉʳ dont la mise en exploitation était indispensable pour la réception régulière du matériel des ponts et de la voie. La plupart des tâcherons de l'entreprise, confiants dans son expérience et son esprit d'équité, avaient d'ailleurs accepté de terminer leurs tronçons au compte de l'Administration. Grâce à l'énergie, l'habileté de sa direction, la ligne Vietri - Yen-Bay était inaugurée le 1ᵉʳ mai 1904 par le gouverneur général et remise un mois plus tard à la compagnie du Yunnan pour l'exploitation ; les ouvrages d'art du 2ᵉ lot étaient presque terminés à cette époque. Malgré l'inondation du 12 août, qui détruisit d'énormes approvisionnements et causa dans les travaux une interruption de près d'un mois (1), l'on pouvait croire que la section entière jusqu'à Lao-Kay serait, à moins d'incidents imprévus, prête pour le 1ᵉʳ mai 1905.

Mais, malgré l'à-propos des dispositions transitoires adoptées, le fonctionnement régulier des chantiers et,

---

(1) Il fallut rompre, à Thanh-Ba, les digues du fleuve pour préserver Hanoï d'une ruine complète. Les eaux envahirent la région entre Thanh-Ba et Vietri et bouleversèrent les remblais du chemin de fer.

par suite, le succès final de la construction ne pouvaient être assurés que par l'abondance et la fixité de la main-d'œuvre. S'inspirant des leçons du passé le commandant Bellat fit établir un projet de réglementation spéciale minutieusement étudiée, que le gouverneur général rendit exécutoire dès le mois d'octobre. Cette réglementation, qui ne cessa d'exciter les récriminations et les sarcasmes de la presse tonkinoise, était une innovation en Indo-Chine ; elle sauvegardait les intérêts des employeurs et reconnaissait les droits des employés, catégorie d'êtres humains à qui les pontifes de la chambre d'agriculture ne voudraient accorder que des devoirs. L'arrêté de l'organisation ouvrière sur la ligne du Fleuve Rouge peut être cité comme un modèle d'équité, de bon sens et d'esprit pratique ; sa promulgation est un événement capital dans l'évolution économique de l'Union indo-chioise ; il semble donc utile d'analyser en détail ses principales dispositions.

Considérations générales. — L'Administration recruté des coolies et les met à la disposition des entrepreneurs. Les résidents fixent dans leurs provinces les contingents par villages (ces contingents sont composés autant que possible de volontaires) ; la durée de l'engagement est de trois mois, non compris les voyages d'aller et de retour. Les coolies élisent leurs doïs (surveillants) dans la proportion de 1 doï pour 35 coolies. Les femmes sont admises dans la proportion de $1/10^e$ comme cuisinières, épouses légitimes. Les coolies rassemblés par les résidents sont transportés par l'Administration ; ils reçoivent une indemnité journalière de 0 p. 15 (doïs : 0 p. 25) pour se rendre à destination, et sont répartis sur les chantiers par groupes de même origine. On leur distribue des ustensiles de cuisine, des effets de toile ou de flanelle suivant la saison, un chapeau, une couverture. Afin de supprimer les divergences d'interprétation ou de sanction dans les contestations entre employeurs et employés, de pénalités pour les délits, la zone des travaux jusqu'à 200 mètres de la voie est détachée du 4ᵉ territoire militaire entre Trai-Hut et Lao-Kay pour la police et la justice des chantiers seulement, et remise à un résident en mission chargé de veiller à l'exécution de l'arrêté gouvernemental sur l'ensemble des chantiers.

Administration. — Les coolies et leurs doïs sont surveillés par des délégués provinciaux indigènes (1), à raison d'un par campement, qui contrôlent l'exécution des corvées de vivres, des prescriptions sanitaires, et rendent compte au chef de poste européen. Le résident représente les intérêts des coolies ; les employeurs sont représentés par l'ingénieur chargé de l'organisation ouvrière. Le résident se tient en outre en relations constantes avec les chefs de province pour les décès, les évacuations, etc. Il contrôle les feuilles d'attachement, les pièces de comptabilité, les envois de fonds représentant les délégations des travailleurs.

Police. — La police des chantiers est assurée par plusieurs détachements de milice à la disposition du résident ; les gardes européens peuvent être employés comme chefs de poste pour la solde, l'alimentation des campements.

Logements. — Les coolies sont logés par l'administration. Cuisines, feuillées, eaux pour l'alimentation et le lavage sont l'objet de prescriptions minutieuses. Les cases en torchis, recouvertes en paillotes, sont de deux types : pour 35 et pour 70 coolies.

Les campements, au nombre de 36, construits à

---

(1) Supprimés dès la 2ᵉ relève comme inutiles et encombrants.

l'avance par un entrepreneur spécial, abritent en moyenne 200 hommes, et sont établis de façon que les coolies n'aient pas plus de 1.500 mètres à parcourir pour aller au chantier.

Les campements de 1re et 2e catégories comprennent, en outre, des logements pour un agent européen des travaux publics, assisté d'un magasinier indigène et d'un interprète ; cet agent est chargé de l'administration (solde et vivres) et des soins médicaux préliminaires, comme si les coolies étaient directement employés par le service des travaux publics. Il n'a pas à s'immiscer dans la police ou l'exécution technique des travaux exécutés par les tâcherons.

Alimentation. — Le service des travaux publics fournit en réalité aux tâcherons la ration obligatoire des coolies. Les vivres sont perçus dans les campements de 2e catégorie, sur bons journaliers, et préparés au cantonnement par les femmes ou par 2 coolies pour 35 ouvriers. Les magasins des campements principaux doivent pourvoir par trimestre à l'alimentation de 10.000 personnes consommant 1.300 tonnes, déduction faite du bétail venant par voie de terre, transportées par une flottille de 60 jonques, le mouvement mensuel étant de 450 tonnes environ. La ration est fixée à 1 kilogramme de riz, 40 grammes de poisson sec, 200 grammes de viande (cochon ou bœuf), 20 grammes de sel, 66 grammes de nuoc mam (huile de poisson), 100 grammes de légumes verts ou 40 de légumes secs, 20 grammes de thé, 0l,05 hebdomadaires d'alcool.

Les campements principaux seuls ont un parc de bétail ; ils ravitaillent au besoin les campements de 2e catégorie, dont les magasins sont moins considérables. Ces derniers ravitaillent tous les jours les campements de 3e catégorie. Le thé doit être distribué sur les chantiers pendant les heures chaudes ; afin d'éviter le retour des épidémies de béribéri le paddy est décortiqué suivant les besoins journaliers. Les coolies ont droit à un jour de repos hebdomadaire ; il leur est attribué chaque matin une ration préventive de quinine.

Solde. — En plus de la ration, les doïs ont 0 p. 40 et les coolies un minimum de salaire de 0 p. 25 par jour de travail effectif. Les tâcherons emploieront autant que possible le système du travail à la tâche ; les prix sont calculés de façon que le coolie travaillant dans des conditions normales puisse gagner 0 p. 49, soit 0 p. 24 représentant le prix de la ration et 0 p. 25 comme argent de poche. Dans le cas du travail à la journée, les salaires sont payés nominativement par les chefs de poste, d'après les feuilles d'attachement. Dans le cas du travail à la tâche, les agents subdivisionnaires font mensuellement les métrés du travail effectué par l'équipe de 35 hommes ; on déduit de la valeur acquise le prix des rations à 0 p. 24 l'une et la somme restante est donnée au doï qui en fait la répartition en présence du chef de poste. On opère, s'il y a lieu, par retenues mensuelles de 1 piastre, l'avance de 3 piastres pour les coolies, de 5 piastres pour les doïs, faite au départ à tous ceux qui l'ont demandée.

Afin d'éviter aux travailleurs la tentation du jeu, les coolies ne reçoivent que 0 p. 10 sur leur solde de 0 p. 25 et au-dessus ; le reste est versé aussitôt aux chefs de poste qui l'expédient aux percepteurs de Yen-Bay ou de Lao-Kay pour être payé sous forme de *délégation* aux familles des ouvriers.

Service sanitaire. — Des pharmacies sont placées dans les campements de 1re et 2e catégorie pour assurer les premiers soins aux coolies malades. Pour le fonctionnement du service, l'ensemble des chantiers entre

Yen-Bay et Lao-Kay est partagé en deux zones principales et deux zones secondaires. Des ambulances et des infirmeries sont organisées dans les zones principales, et des infirmeries dans les zones secondaires. Le personnel hospitalier est formé d'infirmiers militaires prêtés par les hôpitaux du Delta ou d'élèves de l'école de médecine indigène d'Hanoï. Le service médical est fait, dans chaque zone principale, par un médecin des

La route de Yunnan-Sên.

troupes coloniales détaché hors cadres au chemin de fer et qui visite deux fois par semaine les chantiers et les infirmeries ; par un médecin des garnisons de Yen-Bay et de Lao-Kay pour chaque zone secondaire ; ce dernier doit visiter une fois par semaine seulement les chantiers de sa zone.

Dans les zones principales, les malades qui ne peuvent être suffisamment traités aux infirmeries de la zone sont évacués sur les ambulances de Baotta et de Phu-Lu ; ceux des zones secondaires sont dirigés sur les ambulances militaires de Yen-Bay et de Lao-Kay (1). Les coolies malades n'ont pas droit à la solde.

Rapatriement. — A la fin de l'engagement, le coolie doit attendre son remplaçant avant de quitter le chantier pour rentrer au village. S'il rengage pour une nouvelle période, il reçoit une haute paie journalière de 0 p. 02 pour le premier mois et de 0 p. 01 pour chaque mois suivant. Dans le cas d'un rapatriement par évacuation, le coolie dirigé sur le point terminus du chemin de fer verse son livret de solde et reçoit, ainsi que la femme qui l'accompagne, une indemnité de route de 0 p. 15. Du point de départ jusqu'à destination il voyage sur réquisition.

Mais les sages prescriptions de l'arrêté gouvernemental n'ont pu tout d'abord vaincre les répugnances de la population annamite pour les chantiers du Fleuve Rouge. Les avantages qu'on leur promettait, la solde, les habits, les vivres, le jour de repos, le rapatriement, semblaient aux indigènes des appâts dont il fallait se méfier. A l'origine, le recrutement subit les conséquences de cet état d'esprit. Les volontaires ne se présentant pas, autorités cantonales et communales se hâtèrent de choisir, au petit bonheur, des vieillards, des malingres ou des miséreux qui n'avaient pu employer les moyens traditionnels pour éviter une désignation redoutée. En conséquence, le rendement fut, pendant la première relève, hors de proportion avec les dépenses et le nombre des travailleurs. Sur les 8.500 coolies que les chefs de province envoyèrent au chemin de fer, 4.000 à peine, en moyenne, apparaissaient sur les chantiers. Ils

---

(1) Afin d'éviter l'encombrement dans l'ambulance militaire de Yen-Bay, d'après un accord entre le commandant Bellat et le P. Michet, l'hôpital de la mission continue à recevoir les malades provenant des chantiers de la zone secondaire.

produisirent en quatre mois un effet utile représenté par 56.000 piastres seulement de travaux. Ce résultat peu encourageant était dû autant à l'inexpérience et aux préjugés des agents de l'administration, mal préparés à la situation nouvelle, qu'au mauvais état sanitaire causé par un recrutement défectueux. En quatre mois, l'on enregistra 32.000 journées d'ambulance et 220 décès.

Cependant, le retour des coolies dans les délais promis, le paiement des délégations aux familles, les récits des travailleurs, la facilité des communications et la rapidité du voyage donnèrent enfin à la population du Delta confiance dans les promesses officielles. Les volontaires pour la deuxième relève se présentèrent en grand nombre ; beaucoup de coolies de la relève précédente voulurent jouir des avantages d'un rengagement ; l'on put faire une sélection d'hommes vigoureux. La sinistre réputation des chantiers du Fleuve Rouge alla rejoindre les légendes d'antan et, pendant que 15.000 coolies étaient recrutés directement par les tâcherons, l'Administration réunissait 6.500 travailleurs. L'expérience acquise, un meilleur recrutement permirent d'obtenir pendant la deuxième relève, malgré la mauvaise saison, un rendement meilleur. Les ouvriers firent en moyenne 1 mètre cube de terrassement par homme et par jour ; l'on n'enregistra que 4.000 journées d'ambulance et 50 décès. Le voyage du gouverneur général, qui visita les chantiers et les formations sanitaires officielles, augmenta la confiance et l'entrain des coolies. Au 1er juin, la plate-forme était terminée jusqu'à Lao-Kay et le rail posé jusqu'à Bao-Ha. Le commandant Bellat espérait pouvoir donner au Ministre des colonies, dont la visite était attendue au mois d'août, la satisfaction d'aller en chemin de fer jusqu'à Lao-Kay, et livrer vers le 1er novembre la ligne entière à l'exploitation.

Pendant que les travaux s'exécutaient enfin avec méthode et régularité, sans autres incidents que ceux causés par le percement d'une tranchée de 60.000 mètres cubes aux environs de Bao-Ha, le commandant reprenait la ligne en sous-œuvre et s'efforçait de rémédier autant que possible aux imperfections du tracé. D'après ses prescriptions, les divers chefs de section étudiaient plusieurs variantes partielles dont l'exécution commençait aussitôt. Les améliorations qui en résultent montrent bien les inconvénients de l'incompétence du personnel en matière de chemins de fer et de l'adoption prématurée d'un tracé. En maints endroits, douze ou treize courbes de 100 mètres de rayon, réunies par des alignements de 25 à 40 mètres, étaient remplacées par une seule courbe de 250 mètres et deux alignements de 400 à 600 mètres. La compensation des déblais et des remblais, que les premiers ingénieurs avaient négligée dans le tracé Delhomme et que le commandant Bellat se préoccupait de réaliser, permettait de conclure que la prétendue adaptation du tracé au terrain avait en réalité compliqué le problème, augmenté la longueur de la voie, le volume des terrassements, diminué la capacité de transport. Les variantes nouvelles donnaient au contraire à la ligne un tracé plus rationnel, diminuaient de deux kilomètres son développement de Yen-Bay à Lao-Kay, et la réduction ultérieure des frais d'exploitation justifiait largement les dépenses apparentes de réfection. Mais l'obligation de ne pas dépasser les crédits affectés à la ligne sur les fonds de l'emprunt fera du chemin de fer, malgré ces améliorations partielles, une œuvre provisoire dans presque toute sa longueur. Pour satisfaire aux exigences d'un trafic qui sera sans doute un jour considérable, les variantes n'en devraient former qu'une seule allant de Vietri jusqu'à Lao-Kay.

Dans son état actuel, cependant, la deuxième section

de la ligne du Fleuve Rouge a sur la voie fluviale une supériorité si évidente que le mouvement des voyageurs, seul, en fait une excellente affaire. Les recettes journalières de la gare de Yen-Bay, par exemple, oscillent entre 300 et 400 piastres, somme énorme pour le pays. L'entrepreneur de ballastage et de pose de voie faisait des recettes équivalentes en laissant les indigènes s'entasser à leurs risques et périls sur les trains de matériel circulant de Yen-Bay à Trai-Hut et Bao-Ha.

Annamites, Thos, Chinois profitent du nouveau moyen de transport pour aller commercer dans les gros marchés de Thauh-Ba, Phu-Tho, Bac-Hat-Vietri et dans ceux du Delta, pour venir ravitailler en vivres frais les chantiers du chemin de fer, visiter leurs parents ou amis employés sur les travaux. Souvent aussi, son humeur vagabonde entraîne l'Annamite de la plaine, séduit par la facilité du voyage, dans cette région du Fleuve Rouge, théâtre de tant d'effrayantes histoires et de fantastiques légendes. Il va jusqu'au terminus du train de ballast, examine le pays, découvre dans un vallon bien arrosé des traces d'anciennes rizières ; il voit que l'eau n'est pas mauvaise ; que rotins, bambous, paillotes sont en abondance ; il apprend que les impôts sont légers et que la terre ne coûte rien. Il songe que l'existence est souvent dure dans son village du Delta ; que partages, procès, expropriations réduisent sans cesse son maigre patrimoine. Il comprend que le chemin de fer est une belle invention qui lui permettrait d'aller en peu de temps, à peu de frais, assister aux fêtes traditionnelles de sa famille ou de sa commune. Le lien qui tenait l'Annamite attaché autour du tombeau des ancêtres s'allonge de toute la longueur du rail.

A proximité de la voie, les défrichements commencent, les cases se dressent, des palissades sommaires délimitent les nouvelles propriétés. Le courant ethnique, supprimé par la révolte de Lê-Phung et les troubles de la conquête, qui faisait remonter aux Annamites les grandes vallées du Tonkin, semble aujourd'hui définitivement rétabli sur les bords du Fleuve Rouge. Il est la conséquence immédiate des habiles dispositions de l'organisation ouvrière qui auront calmé les appréhensions des indigènes en ôtant à la région montagneuse sa mauvaise réputation.

× ×

Le rôle du chemin de fer de Lao-Kay ne saurait être cependant limité au repeuplement de la vallée, à son exploitation par les immigrants annamites et les colons français. La ligne doit encore assurer la mise en valeur des régions voisines par un système de voies de pénétration perpendiculaires dont l'établissement est indispensable pour le développement économique des bassins du Song-Chay et de la Rivière Noire. M. Guillemoto, directeur général des travaux publics, comprit que la section Vietri - Lao-Kay doit être autre chose qu'un pont jeté entre le Yunnan et le Delta tonkinois. Des missions d'études constituées d'après ses instructions eurent à rechercher les meilleures voies de communications terrestres reliant la ligne à ses différentes zones d'attraction, et pouvant donner au chemin de fer, pendant la traversée de la région montagneuse, un trafic local suffisant.

Nous avons vu, dans le chapitre précédent, que le tramway projeté de Phu-Tho à Tuyen-Quang ferait de la vallée de la Rivière Claire une dépendance économique de la ligne de Lao-Kay. Son affluent, le Song-Chay, n'étant pas aisément accessible à la batellerie indigène, on se proposa de réunir au Fleuve Rouge, par des communications faciles, la partie inférieure et

moyenne de cette importante vallée. La région qui s'é-
tend de ‑Luc-An-Chau à Lang-Tac produit, en effet,
beaucoup de thé très demandé sur les marchés du Yunnan et du Quang-Si ; l'élevage des buffles et des bœufs
donne de brillants résultats ; les arbres à laque, à papier
sont très cultivés sur les collines ; les forêts, relativement peu exploitées, contiennent de nombreuses et
belles essences ; d'immenses espaces sont couverts de
bambous superbes ; la population, assez dense, est aisée.
L'ancienne route établie par l'autorité militaire entre
Yen-Bay - Phu-Yen-Bınh - Tuyen-Quang reliait les parties les plus rapprochées du fleuve et de son sous-af-
fluent. On reconnut qu'elle était, dans son ensemble,
une excellente voie commerciale ; mais on jugea que
ses caractéristiques et ses ouvrages d'art, suffisants au
temps des jonques et des chaloupes, doivent être adaptés
aux nécessités nouvelles. Le remplacement des ponts en
bois par des ponts en fer ou en maçonnerie, déjà commencé ; la réfection et l'élargissement de quelques tronçons trop accidentés, suffiront pour faire de la route de
Song-Chay une bonne route carrossable qui dévelop-
pera les échanges et supprimera les réquisitions de por-
teurs pour les convois administratifs ou militaires (1).

Dans la direction de la Rivière Noire, le problème
était plus difficile. Les vallées du fleuve et de son
affluent sont séparées par de hautes montagnes ; la population est si clairsemée que les commandants du
4ᵉ territoire militaire avaient jugé suffisant de relier
Yen-Bay, leur chef-lieu, à ceux des secteurs de Nghia-
Lo et de Tu-Le qui formaient comme deux oasis de rizières au milieu des forêts. Les crédits, l'intérêt pratique et

---

(1) L'autorité militaire a fait commencer, dans le 4ᵉ territoire,
la construction d'une route carrossable reliant Pho-Lu à Pakha
par Bao-Ngai ; il ne semble pas que cette tentative donne, économiquement, de résultats sérieux.

sans doute l'entente avaient dans la suite manqué pour l'entretien des pistes muletières Yen-Bay - Nghia-So, Trai-Hut - Tu-Le, et leur prolongement jusque sur la Rivière Noire à travers le territoire du commissariat de Van-Bu. Mais, depuis l'ouverture du tronçon Vietri - Yen-Bay, les courriers postaux, plusieurs fonctionnaires allant vers le Tran-Muh et le Haut-Laos, des colporteurs annamites et chinois chaque jour plus nombreux délaissaient la voie lente et périlleuse de la Rivière Noire pour la voie de terre, aussi difficile, mais plus courte. Le capitaine Bonnet, de l'infanterie coloniale, fut chargé d'examiner si les anciens chemins militaires et les sentiers montagnards ne pourraient être transformés en voies de pénétration carrossables. En deux explorations faites de janvier à mai 1905, il reconnut que les chemins et sentiers existants n'étaient pas pratiquement utilisables par suite de leur mauvais état d'entretien et de leur profil trop accidenté. Il rechercha des solutions nouvelles et fut assez heureux pour réussir. D'après ses conclusions, le bassin de la Rivière Noire devrait être relié à la ligne de Lao-Kay par deux routes aboutissant l'une à Trai-Hut par Tu-Le, l'autre à Yen-Luong par Nghia-Lo. Les régions traversées seraient susceptibles d'un grand développement agricole et la construction de bonnes routes ne présenterait pas de grandes difficultés. Ces conclusions ont paru séduisantes. Il est désirable que la direction des travaux publics se décide à passer promptement de la période d'études à celle d'exécution et dote la région deshéritée comprise entre Fleuve Rouge et Rivière Noire des routes indispensables à l'afffermissement de notre influence politique autant qu'à l'établissement d'un courant de commerce local dont bénéficierait le chemin de fer (1).

---

(1) Les voies perpendiculaires à créer ne doivent pas faire

La pénétration française au Yunnan.

D'après la convention qui attribuait à la compagnie du Yunnan l'exploitation de la ligne Haïphong - Lao-Kay, cette ligne, construite sous la direction du service des travaux publics d'Indo-Chine, devait être entièrement terminée le 1er mai 1905. Nous avons vu que, malgré tous les efforts, le tronçon Yen-Bay - Lao-Kay n'avait pu être prêt à la date fixée et que sa livraison devait être retardée de plusieurs mois. Un certain nombre de polémistes indo-chinois ont conclu à l'évidente impéritie de l'Administration et supputé les sommes énormes dues à la compagnie du Yunnan par suite de ce retard. Malgré leurs affirmations, l'indemnité que paiera le budget général sera faible parce que le dommage causé n'est pas grand. La construction de la ligne Lao-Kay-Yunnan-Sên a subi, en effet, des retards considérables. Le matériel, qui devait être réuni depuis le 1er mai dans les magasins de Pho-Moi, n'aurait pu être utilisé, car l'infrastructure de la section Lao-Kay - Mong-Tse n'est pas encore terminée ; les équipes de pose n'auraient pas même pu dépasser le petit tunnel situé à quelques hectomètres de Lao-Kay et dont le percement n'est pas achevé.

---

négliger les voies parallèles qui existent. La route Yen-Bay-Lao-Kay, dont le tronçon Yen-Bay-Trai-Hut a coûté plus d'un million et qui relie de nombreux hameaux et de vastes terrains cultivables, est systématiquement laissée sans entretien.

Les négociations qui ont eu pour conséquence la convention franco-chinoise du 10 avril 1898, nous accordant la concession d'un chemin de fer reliant Lao-Kay à Yunnan-Sên, les multiples incidents qui ont caractérisé les premières étapes de notre pénétration

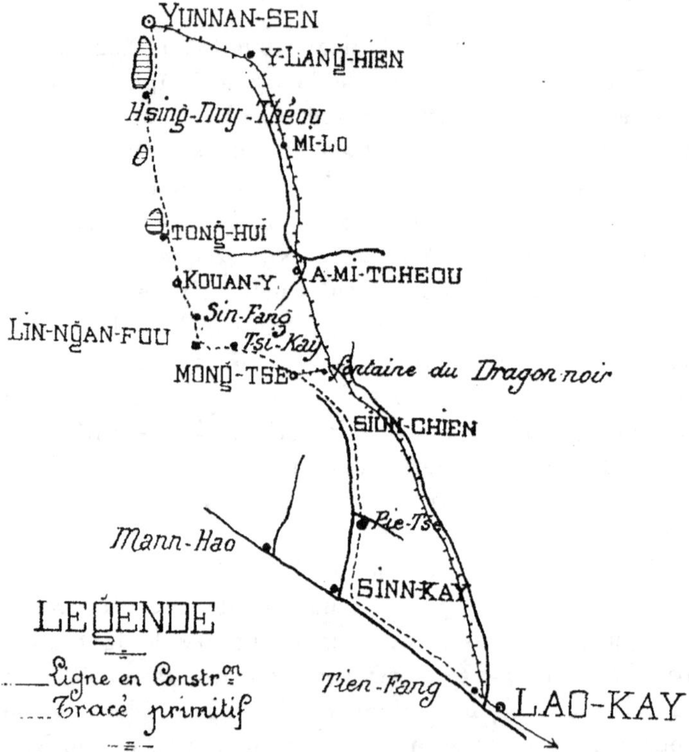

au Yunnan et souvent paralysé l'action de nos ingénieurs et de nos diplomates, les malentendus qui ont retardé la formation d'une compagnie concessionnaire ont été maintes fois exposés et discutés dans diverses publications (1). Pendant longtemps on a pu craindre que l'industrie française ne saurait pas profiter des avantages que nous réservait une situation politique et géographique exceptionnelle, et que cette impuissance, causée surtout par de misérables querelles de personnes et de principes, serait funeste pour notre influence et notre prestige en Extrême-Orient. La loi du 10 juillet 1903, autorisant des avenants au tracé des travaux publics qu'avait rendu exécutoire la loi du 25 décembre 1898, semblait devoir prolonger de fâcheuses tergiversations ; mais, le 15 janvier 1904, le gouverneur général fit enfin cesser une période d'atermoiements et de discussions qui avait trop duré. Puisque la compagnie concessionnaire devait construire et exploiter la ligne du Yunnan, M. Beau jugea équitable de choisir la solution qu'elle préconisait. Il préservait ainsi le budget général de réclamations ultérieures résultant des difficultés rencontrées sur un tracé imposé.

L'on avait donc perdu trois années, de 1898 à 1901, dans la discussion du chiffre de la garantie financière proposée par l'Union indo-chinoise ; de 1901 à 1904, trois autres années avaient passé dans la comparaison de deux tracés dont l'un était depuis six ans approuvé par le gouvernement chinois et le Parlement français. Les avantages du tracé oriental (2) compensent-ils donc les inconvénients d'un tel retard ? Si nous en croyons les ingénieurs de la compagnie concessionnaire, la vallée de la Nam-Ti, dans la section Lao-Kay - Mong-Tse, a une pente plus uniforme que celle du Sinn-Chien-

---

(1) Voir notamment : « l'Expansion anglaise au Yunnam » (*Journal des Sciences militaires*, 1901) ; « le chemin de fer français du Yunnan » (*Revue des troupes coloniales*, 1902) ; « le Yunnan et le chemin de fer de Lao-Kay à Yunnan-Sên » (*Revue de Géographie*, 1901), etc.

(2) Voir la *Revue de Géographie* (numéro du 1er septembre, page 286).

Ho dans le tracé occidental ; dans la section Mong-Tse - Yunnan-Sên, la ligne traverse une région moins peuplée, moins exposée par conséquent aux émeutes de la population et des mafous conducteurs de caravanes ; elle permet, en outre, l'exploitation de nombreuses mines de charbon, de plomb, de fer, de cuivre, etc., qui trouveront des débouchés fructueux.

Le tracé occidental n'avait été cependant choisi par M. Guillemoto qu'après de nombreuses reconnaissances exécutées par des missions sérieuses qui avaient recherché les meilleures voies d'accès conduisant de la vallée du Fleuve Rouge au plateau yunnanais ; la vallée de la Nam-Ti n'avait pas été oubliée. Celle du Sinn-Chien-Ho avait eu la préférence pour de multiples raisons. Son origine avait une altitude inférieure de plusieurs centaines de mètres à celle des cols ouvrant toutes les vallées descendant du plateau ; elle finissait à 80 kilomètres en amont de Lao-Kay et cette particularité permettait de partager la construction de la section en deux tronçons à peu près égaux, le premier longeant le fleuve sur une plate-forme naturelle, le second n'offrant de réelles difficultés que sur une quarantaine de kilomètres environ ; la proximité du fleuve facilitait la construction simultanée des deux tronçons par l'organisation de magasins au confluent du Sinn-Chien-Ho, et diminuait par conséquent de moitié la durée des travaux. Enfin, le tracé, débouchant à ciel ouvert sur le plateau, aboutissait directement à Mong-Tse qui, dans la solution nouvelle, devra être relié à la ligne de Yunnan-Sên par un tramway de 6 kilomètres.

L'on a surtout reproché à ce tracé la difficulté de construction sur les falaises schisteuses qui bordent le torrent pendant 45 kilomètres, la forte inclinaison et la longueur de ses rampes accrochées aux falaises et qui se continuaient à 25/000 net, sans autre interruption que les paliers indispensables, depuis le confluent jusqu'à la vallée de Ta-Ho-Tse (ou chutes de Pie-Tse). Mais ces objections n'avaient, en réalité, pas grande valeur. L'adoption de déclivités plus faibles depuis Pie-Tse aurait maintenu la ligne à une plus grande hauteur au-dessus du Sinn-Chien-Ho, faisait éviter la muraille rocheuse, plaçait le tracé sur des croupes plus arrondies et moins abruptes, diminuait le nombre et l'importance des ouvrages d'art. La déclivité 25/000 n'avait été choisie que pour diminuer la longueur de la ligne et lui faire atteindre aussitôt que possible les berges du Fleuve Rouge. Mais la configuration du terrain est telle qu'une déclivité maximum plus faible pouvait être adoptée ; l'on aurait eu sans difficulté le supplément de développement nécessaire et les rampes auraient commencé à quelques kilomètres en aval du Sinn-Chien-Ho.

Dans la section Mong-Tse - Yunnan-Sên, le tracé Guillemoto suivait sensiblement la route des caravanes et desservait un long chapelet de vallées ou cuvettes fertiles et peuplées. Le mécontentement des aubergistes et mafous que la compagnie concessionnaire a voulu éviter n'aurait pu diminuer la satisfaction de la population qui aurait vite apprécié les avantages du nouveau moyen de locomotion : salaires élevés pendant la construction ; rapidité, bas prix des transports pendant l'exploitation. Les Chinois ayant, autant que les Annamites, le goût des voyages et, plus qu'eux, le sens commercial, la ligne aurait eu, dès ses débuts, un trafic local considérable qui aurait compensé les maigres résultats de l'exploitation sur la première section, utilisée seulement par le commerce de transit entre Tonkin et Yunnan. L'établissement de la voie ne présentait pas de grandes difficultés ; longeant des lacs en plaine, assise sur les premières pentes des hauteurs bordant les vallées, elle nécessitait peu d'ouvrages d'art, d'une faible importance.

Nous savons que les caractéristiques du tracé oriental sont bien différentes. Le bénéfice de la plus courte distance par sentiers muletiers est supprimé par la longueur des développements causés par les différences de niveau des points de passage obligés. Viaducs, ponts, tunnels se succèdent dans un pays désert : les sections Lao-Kay - Mong-Tse, Mong-Tse - Yunnan-Sên traversent des régions également pauvres, également déshéritées. L'élément chinois abandonne ces montagnes et ces forêts de bambous aux Lolos, aux Yaos, aux Poulahs, aux Miao-Tse, populations intéressantes et sympathiques assurément, mais peu aptes à donner par leurs déplacements, leurs échanges ou leurs expéditions le moindre dividende aux actionnaires. Les bénéfices que procureront les produits de mines, réelles sans doute, mais dont la valeur n'est affirmée que par des suppositions d'ingénieurs et des rapports de géologues, sont plutôt problématiques. D'ailleurs, le gouvernement chinois est, en matière de concessions minières, d'une extraordinaire prudence. Il les réserve aux indigènes, et la réunion des énormes capitaux nécessaires pour des entreprises où les Européens ne seraient que bailleurs de fonds sans droit de contrôle et surtout sans recours effectif exposerait les naïfs capitalistes à d'amères déconvenues. En admettant même que des accords diplomatiques ouvrent la Chine, comme le Japon, aux étrangers ; que des compagnies européennes, ou mixtes avec statuts européens, se forment pour l'exploitation de mines et la fondation d'usines et de manufactures, les minéraux ou les métaux ouvrés ayant à supporter des frais de transport onéreux sur 700 à 900 kilomètres de chemin de fer, à payer au Tonkin des droits de douane élevés, trouveraient difficilement acquéreurs sur les marchés de l'Extrême-Orient ; ils ne pourraient lutter avec les produits similaires européens et même japonais. Les industries nouvelles n'auraient donc que des débouchés locaux ; la pauvreté de la population et du pays fait prévoir que ces débouchés seront pendant de longues années très restreints et ne donneront à la ligne du Yunnan qu'un trafic peu rémunérateur.

La pénurie de la main-d'œuvre vient encore compliquer la construction du chemin de fer sur le tracé oriental. Sur le tracé occidental, l'on aurait aisément trouvé, de Mong-Tse à Yunnan-Sên, les ouvriers nécessaires quelque grand qu'en fût le nombre. Sur la section Lao-Kay - Mong-Tse le tronçon du Sinn-Chien-Ho seul présentait des difficultés d'organisation et de ravitaillement analogues à celles qui caractérisent la construction de la ligne orientale tout entière. D'ailleurs, les travailleurs chinois des provinces du nord et de l'est ne vont plus volontiers au Yunnan, qu'ils considèrent comme un pays sauvage. Les expériences, dont ils ont jusqu'à présent fait les frais, ont donné une sinistre réputation aux chantiers du chemin de fer (1) ; le recrutement ne sera plus assuré si les droits des coolies ne sont pas sauvegardés par un contrat formel, dont les dispositions devront être analogues à celles de l'organisation ouvrière sur la ligne du Fleuve Rouge. Le peu de succès obtenu par les agents recruteurs de la compagnie sur les marchés de main-d'œuvre permet aujourd'hui de supposer que la ligne du Yunnan sera construite ou terminée par les ouvriers annamites formés sur le chemin de fer de Vietri - Lao-Kay, engagés

---

(1) A la fin de 1904, 10.000 coolies chinois furent engagés au Pe-Tchi-Li pour le chemin de fer du Yunnan ; peu de temps après leur arrivée sur les chantiers, le plus grand nombre déserta pour aller s'embaucher sur la ligne du Fleuve Rouge.

par la compagnie concessionnaire sous le contrôle effectif de l'administration des travaux publics.

La compagnie du Yunnan a chargé de la construction un consortium de sociétés dont la compagnie des Batignolles est le principal élément. La cérémonie d'inauguration, que M. Doumer aurait voulu fixer au 1er janvier 1901 pour la section Lao-Kay - Mong-Tse, que l'on estimait possible pour la ligne entière le 1er mai 1905, semble devoir être reculée jusqu'au 1er mai 1908. L'indécision, les à-coups qui ont caractérisé les débuts de l'œuvre, l'absence d'organisation ouvrière méthodique, les difficultés du ravitaillement dans une zone dépourvue de ressources locales et de communications naturelles parallèles ou perpend'culaires à la ligne, l'obligation de construire la voie de bout en bout sans chantiers intermédiaires facilement approvisionnés, permettent de supposer qu'il serait prématuré de fixer dès maintenant une date quelconque pour l'achèvement des travaux.

La ligne du Yunnan suivant le tracé occidental était, dans son ensemble, relativement aisée à construire, et son heureuse influence sur le développement économique de la province était certaine ; mais le temps démontrera sans doute la supériorité du tracé adopté, qui n'apparaît pas aujourd'hui clairement. Peut-être aussi nous prouvera-t-il la sagesse de lord Curzon, l'ancien vice-roi des Indes. Pendant son voyage de 1903 en Birmanie, la chambre de commerce de Rangoon réclama l'achèvement de la ligne Lashio - Kunlôn-Ferry et son prolongement au Yunnan et Se-Tchouen suivant les conclusions des missions Pottinger et Davies : « Sans doute, répondit lord Curzon, la construction de chemins de fer au Yunnan est intéressante, et nos voisins font preuve d'une activité louable ; mais le bénéfice en serait incertain. Les pays Chans, au contraire, que je viens de traverser, ont d'énormes richesses naturelles dont le manque de communications empêche de tirer parti. Nous devons donc développer nos chemins de fer à l'intérieur, compléter notre réseau indispensable à la prospérité générale de la Birmanie, avant de songer à la construction d'une ligne aléatoire en pays chinois. » Ces paroles devraient être, en Indo-Chine, où l'on est constamment séduit par le mirage des pénétrations au Quang-Si, au Quang-Tong, au Siam et ailleurs, le sujet d'utiles méditations.

TABLE DES MATIÈRES

Paris et Limoges. — Imp. milit. Henri Charles-Lavauzelle.